全国高等职业教育"十三五"规划教材

全国高等院校规划教材·精品与示范系列

高职学生创新创业实务指导

主　编　李祖刚　蒋庆令

电子工业出版社·

Publishing House of Electronics Industry

北京·BEIJING

内 容 简 介

在现在和未来相当长的一段时期内，创新创业意识对大学生的就业和创业都有很大的影响。本书以法律法规为依据，将理论与实践相结合，按照创新创业的逻辑思路，深入浅出地阐述创新创业的概念，分析就业、创业的环境，明确创业者必须具备的素质及素质的培养方法，介绍创业的重要环节和创业期间的具体实施步骤，并穿插了众多类型的创新创业案例，这其中既有成功的经验，也有失败的教训。本书旨在回答"什么是创新创业，为什么要创新创业，如何创新创业"等一系列的问题，并以培养、提高大学生的素质和创新创业能力为目的，系统地构建了大学生从初学者到创业者的实现路径。本书内容丰富、层次分明、条理清晰、可读性强，将理论性与趣味性融于一体，体现了较强的实用价值，是一本实用的大学生创新创业指导书。

本书为高等职业本专科院校创新创业或就业指导课程的教材，也可作为开放大学、成人教育、自学考试、中职学校、培训课程的教材，以及自我创业人员的参考书。

本书提供免费的电子教学课件、习题参考答案等，相关介绍详见前言。

图书在版编目（CIP）数据

高职学生创新创业实务指导/李祖刚，蒋庆令主编. —北京：电子工业出版社，2019.8
全国高等院校规划教材. 精品与示范系列
ISBN 978-7-121-36521-8

Ⅰ. ①高…　Ⅱ. ①李…　②蒋…　Ⅲ. ①大学生－创业－高等职业教育－教材　Ⅳ. ①G717.38

中国版本图书馆 CIP 数据核字（2019）第 092074 号

责任编辑：陈健德（E-mail: chenjd@phei.com.cn）
文字编辑：张思辰
印　　刷：北京天宇星印刷厂
装　　订：北京天宇星印刷厂
出版发行：电子工业出版社
　　　　　北京市海淀区万寿路 173 信箱　邮编　100036
开　　本：787×1 092　1/16　印张：11　字数：282 千字
版　　次：2019 年 8 月第 1 版
印　　次：2022 年 12 月第 4 次印刷
定　　价：38.00 元

凡所购买电子工业出版社图书有缺损问题，请向购买书店调换。若书店售缺，请与本社发行部联系，联系及邮购电话：(010) 88254888，88258888。

质量投诉请发邮件至 zlts@phei.com.cn，盗版侵权举报请发邮件至 dbqq@phei.com.cn。

本书咨询联系方式：chenjd@phei.com.cn。

前　言

在 2014 年 9 月的夏季达沃斯论坛上，李克强总理发出"大众创业、万众创新"的号召，呼吁在中国形成"万众创新""人人创新"的新势态。2017 年 7 月，国务院发布《关于强化实施创新驱动发展战略进一步推进大众创业万众创新深入发展的意见》，大众创业、万众创新的理念正日益深入人心，也逐步成为中国新常态下经济发展的"双引擎"之一。

大学生是"大众创业、万众创新"的生力军，他们思维活跃，渴望成功又敢于试错，他们有着相对精深的专业知识和技能优势，能以"中国制造 2025""互联网+"为方向找到合适的创新创业的切入点。在此背景下，各高等院校非常重视大学生创新创业的意识和能力，纷纷开设课程、组织活动、出台政策、搭建平台，用制度和环境来保障学生创新创业的发展。

大学生创新创业既是时代的需要，也是大学生自身成长成才的重要途径之一。虽然大学生的职业发展道路较为多样，创业并非唯一选择，但是拥有创业能力、熟悉创业环节、掌握创新意识和方法，对于即将进入职场就业的学生来说也是益处多多。当然，我们也希望通过本书的知识，引导更多学生点燃创业激情，走上创业道路，以万千星星之火连成燎原之势。

同时，大学生创新创业还有欠缺经验、资金不足、风险承受能力低等特点，通过学习本书的知识和典型案例，可以帮助大学生增强信心、增加知识储备、掌握一定的创新创业能力和规避创业风险的能力，以此为今后的创新创业做好充分的准备，并有效提高创新创业成功的可能性。我们衷心地希望每位学子的创业实践故事都能成为我们今后修订本书时的成功案例。

本书由南京信息职业技术学院二级创业咨询师李祖刚、蒋庆令共同编写，也是江苏高校品牌专业建设工程的成果之一。在编写过程中，我们得到多家合作企业人力资源专家的帮助，同时也参考了多位同行专家的著作，在此一并表示衷心的感谢！

本书为高等职业本专科院校创新创业或就业指导课程的教材，也可作为开放大学、成人教育、自学考试、中职学校、培训课程的教材，以及自我创业人员的参考书。

由于编者水平有限，加之市场形势发展迅速，本书难免有疏漏或不足之处，敬请各位专家和读者批评指正。

本书配有免费的电子教学课件与习题参考答案等，请有此需要的教师登录华信教育资源网（http://www.hxedu.com.cn）免费注册后下载。如有问题请在网站留言或与电子工业出版社联系（E-mail：hxedu@phei.com.cn）。

编　者

第 1 章

创新的概念与方法

教学导航

- ➤ 创新的概念
- ➤ 创新的类别与特点
- ➤ 思维障碍与创新方法
- ➤ 企业创新的主要方法

1.1 创新的概念

我们国家对创新非常重视。"创新是引领发展的第一动力,抓创新就是抓发展,谋创新就是谋未来。"

在党的十九大报告中指出:"世界每时每刻都在发生变化,中国也每时每刻都在发生变化,我们必须在理论上跟上时代,不断认识规律,不断推进理论创新、实践创新、制度创新、文化创新以及其他各方面创新。创新是引领发展的第一动力,是建设现代化经济体系的战略支撑。"

"加快建设创新型国家,要加强应用基础研究,拓展实施国家重大科技项目,突出关键共性技术、前沿引领技术、现代工程技术、颠覆性技术创新,为建设科技强国、质量强国、航天强国、网络强国、交通强国、数字中国、智慧社会提供有力支撑;要加强国家创新体系建设,强化战略科技力量,深化科技体制改革,建立以企业为主体、市场为导向、产学研深度融合的技术创新体系,加强对中小企业创新的支持,促进科技成果转化;应倡导创新文化,强化知识产权创造、保护、运用,培养造就一大批具有国际水平的战略科技人才、科技领军人才、青年科技人才和高水平创新团队。"

可以看出国家政策鼓励和支持创新,那么,什么是创新呢?

创新概念的起源可追溯到 1912 年美国经济学家约瑟夫·熊彼特的《经济发展概论》,他在著作中提出:创新是指把一种新的生产要素和生产条件的"新结合"引入生产体系。创新包括五种具体情况:(1)引进新产品;(2)引用新技术,即新的生产方法;(3)开辟新市场;(4)控制原材料的新供应来源;(5)实现企业新的组织形态。

美国管理大师彼得·德鲁克在 20 世纪 50 年代时第一次把创新引进管理领域,他认为创新是赋予资源以新的创造财富能力的行为。

现在我们普遍认为,创新是将新的观念和方法付诸实践,创造出与现存事物不同的新事物,从而改善现状的过程。创新的本质目的是满足人类自身的需要;创新的主体是人类;创新的客体是客观世界(包括人类自身);创新的过程是不断拓展和改变人们对客观世界的认知与行为;创新的核心是创新思维;创新的关键是做出改变。

1.2 创新的类别与特点

1.2.1 创新的类别

创新是一个系统,系统内部的创新可以从不同的角度去认识。

1. 局部创新和整体创新

从创新的规模及创新对系统的影响程度的角度来看,可将创新分为局部创新和整体创新。局部创新是指在创新系统性质和目标不变的前提下,系统活动的某些内容、要素的性质或其组合方式等发生变动的创新;整体创新是指会改变系统的目标和使命,涉及系统的目标和运行方式,并影响系统对社会贡献的性质的创新。

2. "防御型"创新和"攻击型"创新

从创新与环境关系的角度来看，可将创新分为"防御型"创新和"攻击型"创新。"防御型"创新是指由于外部环境的变化对创新系统的存在和运行造成了威胁，创业者在系统内部展开的调整的创新；"攻击型"创新是指创业者在观察外部世界运动的过程中，敏锐地预测到未来环境中可能提供的有利机会，从而主动地调整系统的战略和技术的创新。

3. 系统初建期的创新和系统运行中的创新

从创新发生时期的角度来看，可将创新分为系统初建期的创新和系统运行中的创新。系统的组建本身就是一项创新活动，创业者要具有创新的思想和意识，寻找满意的方案，取得优秀的要素，以合理的方式进行组合，从而创造一个新的系统，这是系统初建期的创新；创业难，守业更难，创业者要不断地在系统的运行过程中寻找和利用新的机会，更新系统的活动内容，调整系统的结构，扩展系统的规模，这是系统运行中的创新。

4. 自发创新和有组织的创新

从创新的组织程度的角度来看，可将创新分为自发创新和有组织的创新。环境的变化会对创新系统产生一定的影响，创业者自发在工作内容、工作方式、工作目标等方面进行调整以适应系统变化的要求，这是自发创新；创业者根据创新的客观要求和创新活动本身的客观规律，寻求和利用创新机会，有计划和组织地进行创新活动，是有组织的创新。

1.2.2　创新的特点

1. 系统性

创新是一个系统。创新由创新主体、创新对象、创新手段与创新环境四个基本要素构成，其中，创新主体是系统中唯一具有能动性的要素，创新主体可以开辟创新的深度、广度等可能性空间。在创新系统中，创新的各个要素是通过人的认识创新与实践创新的结合而形成有机整体的。认识创新需要人们以知识和经验的积累作为前提，运用新的认识方法、手段以及特有的思维视角，开拓新的认知对象和领域，取得新的认识成果的思维活动，其表现形式是新的思维方法、世界观的产生以及新的理论与学说的建立。认识创新贯穿于整个创新活动中，它是取得创新成果的关键。而实践创新则是构想和现实相统一、意识和能力相融合的产物，是认识创新的实践性展开，其表现形式是具有直接现实性的创新成果。

2. 价值性

海尔集团前首席执行官张瑞敏说："只有为用户创造价值、为市场创造价值的创新才是真正的创新。"

不少人只强调创新的技术领先性，而忽视了创新的商业性和应用性。因此，他们的创新很容易失败。衡量创新的价值应该看它是否改善了现状、出现了成果。对于企业的创新，则应看它创造了多少消费者价值和社会价值，以及创造了多少可以转化为商业优势的独特性元素，而不是看投入了多少研发费用、技术有多先进、有多少知识产权和专利。学会正确看待创新，有利于帮助企业形成正确的创新机制。

3. 多元性

创新的多元性首先会表现为创新来源的多样化。研发、意外发现、市场需要、甚至某个失败的项目都有可能产生创新机遇，比如青霉素就是弗莱明的意外发现而产生的创新成果。

创新的多元性的第二个方面是其内涵非常丰富。创新远远不止技术创新和产品创新，还包括业务流程创新、商业模式创新、管理创新、制度创新、服务创新以及创造全新的市场以满足尚未开发的顾客需要，甚至是创造新的营销和分销方法等。如星巴克公司、eBay 公司、阿里巴巴公司等都是极其出色的商业模式创新的案例，而品牌管理、事业部制则是价值卓越的管理创新。

4. 过程性

创新不是一劳永逸的，而是一个过程。它是从思想到行动、从构想到现实的知行统一的发展过程。从哲学的角度看，创新是使整个世界由简单到复杂、由低级到高级、由旧质到新质，有规律地变化的发展过程。因此，创新意味着发展，不仅是人的主观世界认识发展的过程，也是实践改变客观世界发展的过程，是使主观世界与客观世界相统一、认识与实践相统一的运动发展过程。

2016 年 5 月国务院办公厅印发《关于建设大众创业万众创新示范基地的实施意见》。该意见指出，要以促进创新型初创企业发展为抓手，以构建双创支撑平台为载体，分类推进双创示范基地建设，并提出了各类型示范基地的建设目标和建设重点：一是区域示范基地要以创业创新资源集聚区域为重点和抓手，重点推进服务型政府建设，完善双创政策措施，扩大创业投资来源，构建创业创新生态，加强双创文化建设。二是高校和科研院所示范基地要充分挖掘人力和技术资源，促进人才优势、科技优势转化为产业优势和经济优势，重点完善创业人才培养和流动机制，加速科技成果转化，构建大学生创业支持体系，建立健全双创支撑服务体系。三是企业示范基地要发挥创新能力突出、创业氛围浓厚、资源整合能力强的领军企业核心作用，重点构建适合创业创新的企业管理体系，激发企业员工创造力，拓展创业创新投融资渠道，开放企业创业创新资源。

1.3 思维障碍与创新

重大创新是无人区的生存法则，没有理论突破，没有技术突破，没有大量的技术积累，是不可能产生爆发性创新的。——任正非

1.3.1 常见的思维障碍

思维是人脑对客观事物的概括和间接的反应过程。如果人总是沿着一定方向、按照一定次序进行思考，久而久之会形成一种惯性，这种情况我们称之为"思维惯性"。如果对于自己长期从事的事情或日常生活中经常发生的事务产生了思维惯性，多次以这种思维惯性来对待客观事物，就会形成较为固定的思维模式，我们称之为"思维定势"。思维惯性和思维定势结合起来，很容易形成思维障碍。我们要进行创新，首先就需要突破思维障碍，常见的思维障碍一般有以下几种。

1. 习惯性思维障碍

习惯性思维障碍会使人们不由自主地犯错误。虽然通过习惯性思维解决一些简单的问题时可能会节省时间，但对于比较复杂的问题如果也使用习惯性思维，就会使我们犯错误，或者在面对新问题时一筹莫展。

假设有 A、B 两点，请想一种办法将 A 与 B 连接起来。很多人的第一反应就是用一条直线连接，如图 1-1 所示，但是不是还可以拥有更多的变化呢？

A ——————— B 　　　　　A  B

图 1-1　　　　　　　　　　　图 1-2

图 1-3　　　　　　　图 1-4　　　　　　　图 1-5

图 1-2 是用一条曲线将 A、B 两点进行连接；图 1-3 是用一个天使的图案将 A、B 两点进行连接；图 1-4 是用一个地球的图案将 A、B 两点连接起来；在图 1-5 中则更具有创新性，这里把孩子比作 A 点，把父亲比作 B 点，并用孩子与父亲的关系把 A、B 两点连接起来。

2. 直线型思维障碍

直线型思维障碍的人普遍认为：是即是，非即非，除此之外都是错误。他们往往对是中有非、非中有是，对中有错、错中有对，失败中包含成功、成功中包含失败等情况认为不可思议。

故事分享：竹禅和尚巧画九尺佛像

有一年，竹禅和尚云游北京，被召到皇宫里作画。那时皇宫里的画家很多，各有所长。一天，一名宦官向画家们宣布："这里有一张五尺宣纸，慈禧太后要画一幅九尺高的观世音菩萨像，谁来接旨？"画家中无一人敢应命，因为五尺纸怎能画九尺高的佛像呢？这时，竹禅和尚想了一想就说："我来接旨！"说完，他磨墨展纸，一挥而就。大家一看，无不惊奇叹绝，心悦诚服。此画传到慈禧手中，慈禧也连连称赞，甚至表示自愿皈依佛门，并叫竹禅和尚作为她的引荐人。据说后来慈禧被称为"老佛爷"，就是由此开始的。原来，竹禅画的观世音菩萨像和大家常画的没有多大差异，只是把观世音菩萨画成了弯腰在拾净水瓶中的柳枝，如果直起腰来则正好九尺。一般画家不能画的，竹禅和尚画出来了。竹禅和尚靠的是什么？他靠的是想象力，是丰富、突破常规的想象力。

故事分享：李若谷解决决堤问题

春秋时期，楚国令尹孙叔敖在苟陂县一带修建了一条南北水渠。这条水渠又宽又长，足以灌溉沿渠的万顷农田，可是一到干旱的时候，沿堤的农民就在渠水退去的堤岸边种植

庄稼，有人甚至还把农作物种到了堤中央。等到雨水一多，渠水上涨，农民为了保住庄稼和渠中田地，便偷偷地在堤坝上挖开口子放水。这样的情况越来越严重，一条辛苦建成的水渠，被破坏得遍体鳞伤、面目全非。而面对这种情形，历代苟陂县的行政官员都无可奈何，每当渠水暴涨成灾时，只得调动军队去修筑堤坝，堵塞洞口。后来宋代李若谷出任知县时，也碰到了决堤修堤这个头疼的问题，他思索一番，贴出告示说，"今后凡是水渠决口，将不再调动军队修堤，只抽调沿渠的百姓，让他们自己把决口的堤坝修好。"这布告贴出以后，果然再没有人偷偷地去堤坝上挖开口子放水了。李若谷也正是因为避开了直线型思维，利用了聪明的才智和丰富的想象力才解决了这一大难题。

3. 权威型思维障碍

有人群的地方就会有权威，权威是任何时代和社会都实际存在的现象。

有不少人习惯引用权威的观点，不加思考地以权威的是非为是非；一旦发现与权威相违背的观点或理论，便想当然地认为其必错无疑，并大加贬低。

权威型思维障碍的形成主要是通过两条途径：一是领导权威。对于多数干部而言，尊重领导是基本的行为准则，这本身并没有错，但现实生活中过于迷信领导就会出现问题。二是专业权威。由于时间、精力和客观条件等方面的限制，人在一生中，通常只能在一个或少数几个专业领域内拥有精深的知识，而对于其他大多数领域则知之甚少甚至全然不知，这就是古人"闻道有先后，术业有专攻"的道理。尊重某一领域的权威本身没有错，然而这并不代表权威说的都是正确的，尊重不能演变为迷信。正如国画大师齐白石所说的："学我者生，似我者死。"

> **故事分享：罗素登台讲学**
> 英国哲学家罗素在一次登台讲学时，首先在黑板上写下"2+2=？"，并请听讲者回答。虽然这个问题的答案人人皆知，但是台下的社会工作者和研究人员却不敢贸然回答。罗素笑着说："2加2就等于4嘛。"

> **故事分享：苏东坡盲目推荐医书致人病死**
> 在我国古代有一本医术叫《苏沈良方》，书中记载了一些治疗伤寒疾病的所谓秘方。宋朝时大名鼎鼎的苏东坡介绍了这本书，他没有认真审查，也没有经过实践检验，就写了一篇序言对此书大加推崇，序言里还写了"真济世卫生之宝也"。经他这么一推荐，人们纷纷采用书中的"秘方"治病，结果医死了不少的人。后来有一位医生在自己所写的一本书中为了避免错误流传，贻害无穷，他先照录了苏东坡的那篇序言，接着便直言不讳地说："此药治伤寒，因东坡作序，天下通行。辛未年，永嘉瘟疫，被害者不可胜数。"

> **故事分享：置疑欧几里德而发现非欧几何**
> 200多年前，一些数学家开始置疑欧几里德几何学中的第五公式，并认为可以建立一门新的学科——非欧几何。但这些数学家在取得了研究成果后不敢发表，有些人听了著名的老数学家高斯的否定性意见后，甚至怀疑自己的研究成果是错的，导致非欧几何的问世时间被大大推迟。

故事分享：小泽征尔在权威面前坚持己见

世界著名交响乐指挥家小泽征尔在一次欧洲指挥大赛的决赛中，按照评委会给他的乐谱在指挥演奏时发现有不和谐的地方，他认为是乐队演奏错了，就停下来重新演奏，但仍不如意。这时，在场的作曲家和评委会的权威人士都郑重地说明乐谱没有问题，而是小泽征尔的错觉。面对一批音乐大师和权威人士，他思考再三，突然大吼一声："不，一定是乐谱错了！"话音刚落，评判台上立刻报以热烈的掌声。原来，这是评委们精心设计的圈套，以此来检验指挥家们在发现乐谱错误并遭到权威人士"否定"的情况下，能否坚持自己的正确判断。前两位参赛者虽然也发现了问题，但最终因为趋同权威而遭到淘汰，小泽征尔则坚持自己的想法，不向权威低头。最终，他在这次世界音乐指挥家大赛中摘取了桂冠。

我们应该尊重上级领导、尊重专业权威，但也不能迷信权威。为了打破权威型思维障碍，保持灵活的头脑和创新的思维，我们必须对进入思考范围内的权威先进行一番彻底的审查。

4. 从众型思维障碍

从众，就是跟从大众、跟随大流，它是思维障碍中最常见、最重要的因素之一。人的认识具有不平衡性，真理有时掌握在少数人的手里，而少数服从多数的这一心理，常常会掩盖和抹杀许多真理，从而压抑人的创造性。从众型思维障碍比较强烈的人在认知事物、判断是非的时候，往往会附和大众、人云亦云，缺乏自己的独立思考和创新观念。

故事分享：劳尔赫质疑菠菜的含铁量

德国化学家劳尔赫在研究化肥对蔬菜的危害时，无意中发现，菠菜的实际含铁量并不像所宣传得那样高，只有食品营养化学和各种有关手册所记载数据的十分之一，劳尔赫很是诧异，怀疑试验是否具有偶然性。于是，他找来各种各样的菠菜叶子，一一加以分析化验，但并没有发现哪一种菠菜叶子的含铁量比别的蔬菜高特别多的情况。他开始寻找所谓菠菜含铁量高"传说"的根源。通过追踪他发现，原来是90年前印刷厂在排版时，不小心把菠菜含铁量的小数点向右错移了一位，从而使它的含铁量扩大了10倍，人们便将错误传了下来。

从众型思维障碍是怎样产生的呢？人类是一种群居动物，为了维持群体的稳定性，就必然要求群体内的个体保持某种程度的一致性。这种一致性首先表现在实践行为方面，其次表现在感情和态度方面，最终表现在思想和价值观方面。

本来，个人服从群体、少数服从多数的准则只是一种行为上的准则，本意是为了维持群体的稳定性。然而，这个准则不久便产生了"泛化"，超出了个人行动的领域而成为了个人的思维原则甚至普遍的社会实践原则。例如，这些事情有人会想的，看看别的单位是怎么做的；上级领导是不会错的，遇到问题报告上级领导；别人都这么做，那我也这么做等，于是从众型思维障碍就逐渐形成了。

有从众型思维障碍的人，一般会使用前人及他人的思维成果、思维方法、思维模式以及思维形式和思维习惯，常把任何对大众的审视和做出的改变都视为"不正常"。

5. 书本型思维障碍

许多人认为一个人的书本知识多了，比如上了大学，读了硕士、博士，就必然拥有很强

的创新能力；还有人认为书本上写的都是正确的，如果发现自己的情况与书本上不同，那就是自己错了。所以书上没有说的不敢做，书上说不能做的更不能做，读书比自己多的人说的话都是"金科玉律"，不能怀疑。一味地迷恋和盲从"书本"，这就是书本型思维障碍。

故事分享：书中写的未必全对

公元前 2 世纪，古罗马有位名医——盖伦，他一生写了 256 本医书，长期被西方奉为神明。连书中的错误也被以讹传讹，认为是对的。如书上写道：人的大腿骨是弯的。后来经过生理解剖，发现人的大腿骨是直的。可是这个本该纠正的错误仍难以纠正，居然有人辩解说：古罗马时期的人穿裙子，所以腿骨是弯的，后来人们穿裤子以后腿骨才直的了。

故事分享：赵括因死用兵书而战败

战国时赵国的赵括年轻好胜，熟读兵书，受到赵王的信任。他在长平之战中，不听老将"以逸待劳"的建议，冒险出击，说要"先发制人"，在被敌人包围后又不撤退，说兵法道"置之死地而后生"。结果一败涂地，40 万赵军被杀，他本人也丢了脑袋。

6. 自我中心型思维障碍

自我中心型思维障碍包括两种，一是过于迷信自己，秉持一己之见，自以为是、刚愎自用，听不得不同声音和不同意见；二是存在着反面类型的"自我中心"，如存在自卑、麻木、偏执、浮躁、懒惰、封闭、怯懦、侥幸等心理。

故事分享：马谡自以为是失街亭

三国时蜀国大将马谡有一定的军事才能，但在被诸葛亮夸奖几次后就慢慢地骄傲自大起来。诸葛亮派他守街亭，他不按指令依山傍水部署兵力，却骄傲轻敌，自作主张地想将大军部署在远离水源的街亭山上。副将王平多次劝阻，马谡不但不听反而自信地说："马谡通晓兵法，世人皆知，连丞相有时都请教于我，而你王平生长戎旅，手不能书，知何兵法？"魏国大将张郃进军街亭，侦察到马谡舍水上山，立即挥兵切断水源，掐断粮道，将马谡大军围困于山上，然后纵火烧山。蜀军饥渴难忍，军心涣散，不战自乱。魏军乘势进攻，蜀军大败。马谡失守街亭，战局骤变，迫使诸葛亮退回汉中。马谡因此也被诸葛亮挥泪斩首。

1.3.2 思维创新

1. 发散思维与收敛思维

发散思维也叫扩散思维、多维思维。发散思维是从一个点出发，让思维冲破逻辑惯性，使思路朝着四面八方伸展、发散出去，广摄信息，以求对同一个问题的多种解决方案。

发散思维的主要特点在于思维主体思考问题的状态能够打破封闭、压抑、拘谨、限制的约束和规则，能够全方位开放式地、舒展流畅地展开思路和捕捉信息，以最大限度地扩充丰富思维内容和认识成果。于是，对别人来说的思维困境，而在拥有发散思维能力的人面前展现的却是"柳暗花明又一村"的景象。

1）发散思维

发散思维一般具有以下 3 种思维方法。

（1）逆向思维法：逆向思维法是一种和人们通常考虑问题的思维方向恰恰相反的思维方法，运用这种"从反面倒过来看问题"的思维方法，需要思维主体具有极大的胆略、智慧和魄力。他要与众不同、不怕孤立，要兼顾正反两个方向的可能性，以达到出奇制胜的效果。

故事分享：苏联军队独辟蹊径大败敌军

第二次世界大战（简称二战）后期，苏联军队向退守柏林的德军发动总攻击的前夜，星光灿烂，给隐蔽袭击带来了极大的困难。这时战役的指挥者朱可夫元帅突发奇想，下令把所有的探照灯统统打开，集中射向敌阵。于是，140 台探照灯把德军照得睁不开眼，苏联军队趁机发起猛攻，迅速解决了战斗。逆向思维方法在这里帮了大忙。

（2）侧向思维法：侧向思维法也叫横向思维法，是一种非逻辑的拓宽思路的方法，其中会运用类比、想象和联想等方法。比如解决现代城市中交通拥挤问题的正常思路是拓宽道路，而侧向思维的思路则不限于拓宽道路，而是通过在交通拥挤的地段修建立交桥的办法来解决。

故事分享：生活现象触发的发明灵感

阿基米德洗澡时受到溢水现象的启发，突发灵感，意外地解决了紧紧困扰他的"金冠之谜"，从而发现了流体静力学原理。传说中鲁班在野外被草叶划破了手，他就仔细观察草叶，发现草叶的边上有很多小齿，他突发奇想：如果有齿的不是草叶，而是铁片呢？于是便发明了锯子。这便是侧向思维解决问题的独到之处。

（3）试错思维法：试错思维法是通过持之以恒、锲而不舍地尝试排除错误，最终找到问题原因的方法。在科技发展史上，爱迪生试制灯丝，曾经先后实施了 1600 多个不同的方案，最后终于找到了碳化丝片而大功告成。另外，试错法还能把既定的思维方式或事物的结构进行解构、增减、取舍、比较、整合、重组，以求达到更新、更佳的效果。

2）收敛思维

收敛思维法一般以汇总思路、集中思维为特征，利用已有的经验和既定的认识成果，朝着一个方向和目标，在一定范围内将众说纷纭的问题得出一个解决方法。

关于发散思维和收敛思维，这里需要说明两点：一是在创造性思维活动中，发散思维和收敛思维总是相辅相成的，用来较好地保证人们的思维活动既不落于俗套、裹足不前，又不信马由缰、毫无结果。二是在我们的传统思维定势中，往往是发散不足而收敛有余，我们常常因过于拘谨、偏执而使创新思维受到约束，这也是需要我们特别加以注意的。创造性思维方法从本质上来说是一种开拓性思维方法，这种开拓性在实际中表现为不受约束地从多方位、多角度探索解决问题的路径。正因为如此，发散思维法理当得到人们的重视而成为人们首选的思维方法。

值得注意的是，这二者之间是一种辩证关系，既有对立，又有统一。没有发散思维的广泛收集，收敛思维就没有了加工对象，从而无法进行；反之，没有收敛思维的认真整理，发散思维的结果再多，也不能形成有意义的创新结果。只有两者协同运作、交替作用，一个创新过程才能完成。

2. 想象思维与联想思维

想象力比知识更重要，因为知识是有限的，而想象力概括着世界的一切，推动着社会进步，并且是知识进化的源泉。 ——爱因斯坦

想象思维是人脑通过形象化的概括作用对已有的记忆表象进行加工、改造或重组的思维活动。联想思维是指在人脑内记忆表象系统中由于某种诱因使不同表象之间发生联系的一种思维活动。

联想思维只能在人的记忆系统的表象之间进行，想象思维则可以超过已有的记忆表象的范围；联想思维的活动空间是封闭、有限的，想象思维的活动空间则是开放、无限的；联想思维的操作过程是线性、一维的，想象思维可以是立体、多维的。但是联想思维和想象思维都属于形象思维的范畴，想象思维可以在联想到的事物周围展开，同时想象思维所获得的结果又可以引起新的联想思维。

3. 逻辑思维与辩证思维

逻辑思维就是依据逻辑形式进行的思维活动，辩证思维是指按照辩证逻辑的规律进行的思维活动。

严格按照逻辑思维规律进行思维活动比较容易解决思维准确性的问题，这有助于我们通过揭露逻辑错误来发现和纠正错误，从而正确认识客观事物。逻辑思维一般是单向思维，通过认识概念、进行判断再到推理，最后得出结论。逻辑思维要建立在现有知识和经验的基础上，严格按照逻辑进行，这种思维方式比较注重过程，所以有时会妨碍创新思维的出现。辩证思维则是根据唯物辩证法来认识客观事物，以此反映事物的本来面目，揭露事物内部的深层次矛盾。

> **故事分享：《读者文摘》的诞生**
> 1921 年 6 月 2 日，是电报诞生 25 周年的纪念日。美国《纽约时报》对这一历史性的发明发表了一篇简短的社论，其中传达的一个重要信息是：现在人们每年接受的信息量是 25 年前的 50 倍。这时一位名叫德威特·华莱士的年轻人对这一信息迅速作出了反应。他想创办一份文摘性刊物，让人们能在浩如烟海的信息中，尽快获得自己需要的东西。他在暂住地纽约格林威治村的一个储藏室里和他的未婚妻一起糊了 2000 个信封，装上征订单运到邮局并寄了出去。从此，世界出版史上的一个奇迹——《读者文摘》就诞生了。《读者文摘》的创建就运用了逻辑思维的方法。

1.3.3 方法创新

1. 设问检查法

设问检查法是一种通过对拟改进创新的事物进行分析、展开、综合，以明确问题的性质、程度、范围、目的、理由、场所、责任等项，从而使问题具体化以缩小需要探索和创新的范围的方法。

设问检查法的首要特点是抓住事物普遍意义的方面进行提问，因此它的应用范围很广，不仅可用于产品的技术开发，还可用于改善管理等范畴。其次设问检查法是从不同的

角度、多个方面进行检查设问，思维变化很灵活，有利于突破规则的条条框框。

当然，设问检查法也有一定的局限性，它比较依赖创造发明主体的心理素质的改变，借助克服心理障碍来产生更多的思路，但有时会忽略对技术对象的客观规律的认识。所以在解决较为复杂的技术发明的问题时，设问检查法仅能提供一个大概的思路。

2. 奥斯本检核表法

奥斯本检核表法是以该方法的发明者奥斯本命名，是指引主体在创造过程中对照 9 个方面的问题进行思考，以便启迪思路、开拓思维想象的空间、促进人们产生新设想和新方案的方法。9 个方面的问题分别是：能否他用、能否借用、能否改变、能否扩大、能否缩小、能否替代、能否颠倒和能否组合。

故事分享：《托蒂笑话集》使托蒂人气飙升

托蒂是非常受欢迎的意大利足球明星，被人编排了无数笑话却并不愤怒，他反而将这些笑话集结成一本《托蒂笑话集》，在全世界卖了几百万册，成为了超级畅销书。托蒂将赚的钱都捐给了联合国儿童基金会。他说："我萌生了成立慈善基金的想法，这虽然是一件小事，但我想这些钱确实可以帮助很多不幸的孩子。"他甚至对媒体开玩笑说："我很高兴成为意大利最能创造商业价值的人之一。"而这本书的出版不仅没有使他的形象受损，反而使他的人气飙升，成为意大利最受球迷欢迎的球星之一。

3. 组合法

组合法是指按照一定的技术原理或功能目的，将现有的科学技术原理或方法、现象、物品做适当的组合或重新排列，从而获得具有统一整体功能的新技术、新产品、新形象的创造方法。

故事分享：田成子给随从做"食客"

邸夷子皮是田成子的随从，田成子要逃离齐国投奔燕国，邸夷子皮便背着出关信符跟在后面。到了望邑，邸夷子皮说："您听说过一个关于蛇的故事么，有两条蛇逃命，小蛇对大蛇说：'你在前面走，我跟在你后面，人家仅会认为是两条蛇在爬行，必定会有人想杀死我们。不如你背着我往前走，这样人家见了就会认为我是神灵。'于是大蛇背着小蛇跨越大路往前走，大家见了都纷纷躲避，说：'这是神灵啊！'如果您扮作我的上等宾客，人家会认为我是拥有千辆战车的国君；如果您扮作我的侍从使者，人家就会认为我是拥有万辆战车的国君的公卿，您不如扮作我的食客吧。"于是，田成子便背着信符跟在邸夷子皮的后面，到了旅店，旅店主人果然非常恭敬而殷勤地接待，而且捧上美酒佳肴。在这个故事中，资源没有变化，变化的是整合利用资源的方法。资源通过包装、组合、造势，形成了特殊、奇异的效果，令人刮目相看。

4. 逆向转换法

逆向转换法是指通过逆向思维从原理、功能、结构、属性、因果关系、程序和观念等进行思考从而寻找解决问题的方法。

故事分享：大禹治水

尧在位的时候，黄河流域发生了很大的水灾。尧召开部落联盟会议，推荐鲧去治水，

鲧花了九年时间，却没有把洪水制服。因为他只懂得水来土掩、造堤筑坝，结果洪水冲塌了堤坝，水灾反而闹得更凶了。舜接替尧当部落联盟首领以后，亲自到治水的地方去考察。他发现鲧办事不力，就让鲧的儿子禹去治水。禹采用不同于他父亲的做法，开渠排水、疏通河道，黄河中游有一座龙门山堵塞了河水的去路，奔腾东下的河水受到龙门山的阻挡，常常溢出河道。禹带领人们开凿龙门，打开一个大通道，经过十三年的努力，终于把洪水引到了大海中。

5. 还原分析法

还原分析法是指放下所研究的问题，反过来通过分析问题的本质，寻找新的出路的方法。

故事分享：冈勒斯吸引投资创办学校

一位年轻人在上大学时，发现大学的教育制度有许多弊端，就向校长提出改进意见。但他的意见没被接纳，于是他决定自己办一所大学来消除这些弊端。但创办大学至少需要100万美元。上哪儿去找这么多钱呢？于是他每天都苦思冥想如何能拥有100万美元，同学们都认为他已经疯掉了。终于有一天，他想到一个办法，他打电话到报社，说他准备第二天举行一个演讲会，题目叫《如果我有100万美元》。第二天，他的演讲吸引了许多商界人士参加，面对诸多成功人士，他在台上全心全意、发自内心地说出了自己的构想。最后演讲完毕，一个商人站了起来，说："小伙子，你讲得非常好。我决定给你100万美元，就照你说的办。"原来梦想确实会吸引金钱！就这样，年轻人用这笔钱办了亚默理工学院，也就是现在著名的伊利诺理工学院的前身。这个年轻人就是后来备受人们爱戴的哲学家、教育家冈勒斯。

6. 联想类比法

联想类比法是指通过分析两个对象之间某些方面的相同或相似之处，从而推导出其他方面的相同或相似之处的方法。类比可以分为拟人类比、直接类比、象征类比和幻想类比等。标杆管理法就是联想类比法中衍生出的一种方法。

故事分享：武汉钢铁公司运用标杆管理法提升自我

武汉钢铁公司的能源消耗费用占制造成本的25%以上，有很大的下降空间。为使这部分成本最大限度地可控，武汉钢铁公司通过大量的数据分析，决定以宝山钢铁公司作为"标杆"，运用标杆管理法来挖掘节能潜力。他们先认真分析了自己与标杆企业的差距及自身优势，然后采取了一系列的赶超措施，努力使污染物排放量减少、能耗指标不断降低。

在标杆管理法中，有几点应该引起企业的重视：第一，比较目标一定要能为企业提供值得借鉴的信息，规模不一定与自己的企业相似，但在标杆比较方面必须是具备世界一流水准的领袖企业。第二，战略不同的企业，选用的标杆也不同。譬如一个企业的战略是以创新制胜，另一个企业的战略是以低成本占领市场，这两个企业就无法进行类比。另外，在实际应用中，企业必须将标杆管理法同顾客和市场的分析方法结合起来，达到不断满足消费者需求的目的。

7. 移植法

移植法是指将某个领域的原理、技术、方法引用渗透到其他领域，用以改造或创造新的事物。

有位学生提出面包是怎样制作的这一问题。老师告诉他，面包是由面粉发酵加工而成的，烤面包时，由于面包内部产生大量气体，使面包膨胀，从而变得松软可口。这引起了学生的好奇与思考。马上就有位学生提出："我们能不能把这种面包发泡技术进行系列研究进而开发新产品，以求创新呢？"于是，大家查阅各种资料，讨论出许多移植法：

（1）移植到食品加工领域——发泡面、发泡饼；

（2）移植到牲口饲料领域——发酵发泡饲料；

（3）移植到包装、运输、保温、隔声等领域——发泡塑料；

（4）移植到采光材料领域——发泡玻璃；

（5）移植到金属材料领域——发泡金属；

（6）移植到隔热品材料领域——发泡橡胶；

（7）移植到超轻型纱布代用品材料领域——发泡树脂；

（8）移植到工业产品领域——发泡水泥。

8. 头脑风暴法

头脑风暴法是以一定的会议形式给与会者创造一种能积极思考、启发联想、大胆创新的良好环境，通过充分激发个人才智为解决问题提供大量新颖设想的方法。

头脑风暴法要求与会者解放思想，不受任何已知条件、熟知常识的束缚，从多个角度去考虑问题，畅所欲言，主持者和其他人不能过早地进行批评和下结论，而是更多地提出其他想法，最后将各种意见进行综合。

故事分享：美国电信公司用"头脑风暴法"解决难题

有一年，美国北方遭遇严寒，大雪纷飞，电线上积满冰雪，大跨度的电线常被积雪压断，严重影响了通信。过去，许多人试图解决这一问题，但都未能如愿以偿。后来，电信公司经理应用奥斯本发明的头脑风暴法，尝试解决这一难题。他召开了一场座谈会，参加会议的是不同专业的技术人员，会议要求他们必须遵守以下原则：第一，自由思考。即要求与会者尽可能解放思想，无拘无束地思考问题并畅所欲言，不必顾虑自己的想法是否"离经叛道"或"荒唐可笑"。第二，延迟评判。即要求与会者在会上不要对他人的设想评头论足，不要发表"这主意好极了！""这种想法太离谱了！"之类的"捧杀句"或"扼杀句"，至于对设想的评判，将留在会后组织专人进行。第三，以量求质。即鼓励与会者尽可能多而广地提出设想，以大量的设想来保证质量较高的设想的存在。第四，结合改善。即鼓励与会者积极进行智力互补，在增加自己提出设想的同时，思考如何把两个或更多的设想结合成另一个更完善的设想。

按照这种会议规则，大家七嘴八舌地议论开来，有人提出设计一种专用的电线清雪机；有人想到用电热来化解冰雪；也有人建议用振荡技术来清除积雪；还有人提出能否带上几把大扫帚，乘直升机去扫电线上的积雪。对于这种"坐飞机扫雪"的想法，大家心里尽管觉得滑稽可笑，但也无人提出批评。相反，有一位工程师在百思不得其解时，听到用

飞机扫雪的想法后，突然灵光一闪，一种简单可行且高效的清雪方法冒了出来。他想，每当大雪过后，出动直升机沿积雪严重的电线飞行，依靠调整旋转的螺旋桨即可将电线上的积雪迅速扇落。他马上提出"用干扰机扇雪"的新设想，顿时又引起了其他与会者的联想，有关用飞机除雪的主意一下子又多了七八条。不到一小时，与会的 10 名技术人员共提出 90 多条新设想。

会后，公司组织专家对设想进行分类论证。专家们认为通过设计专用清雪机，采用电热或电磁振荡等方法清除电线上的积雪，在技术上虽然可行，但研制费用高、周期长，短时间难以见效。而因"坐飞机扫雪"激发出来的几种设想倒是比较大胆的新方案，如果可行的话将是既简单又高效的好办法。经过现场试验，专家们发现用直升机扇雪真能奏效，一个久悬未决的难题就这样通过头脑风暴法巧妙地解决了。随着发明创造活动的复杂化和课题涉及技术的多元化，单枪匹马式的冥思苦想将变得软弱无力，而"人多力量大"的发明创造战术则显示出攻无不克的威力。

1.4 企业的创新

企业的创新，依据创新的内容主要可分为技术创新、制度创新、组织创新和文化创新等。

1.4.1 技术创新

技术创新在企业的创新中处于核心地位，技术创新包括原始创新、集成创新以及再创新，而制度创新、组织创新和文化创新是围绕和支撑技术创新而进行的创新。

技术创新是一个从产生新产品或新工艺的设想到市场应用的完整过程，它包括新设想的产生、研究、开发、商业化生产到扩散的一系列活动。技术创新的本质是科技、经济一体化的过程，它包括技术开发和技术利用这两大环节。

从生产过程的角度分析，技术创新可以分为材料创新、产品创新、工艺创新和手段创新四类。

故事分享：技术创新让英特尔公司成为领导者

英特尔公司的创始人摩尔从 20 世纪 70 年代起就构筑了其赖以生存的商业模式——不断改进芯片的设计，以技术创新满足计算机制造商及软硬件产品公司对于产品的需求。摩尔提出，计算机的性能要每 18 个月翻一番，只有不断创新，才能赢得高额利润并将获得的资金投入到下一轮的技术开发中去。英特尔公司在推出第一块用于个人电脑的 4004 型微处理器之后的一年又推出了升级产品 4008 型微处理器，一年后又开发出真正通用型的 8080 型微处理器，这使英特尔公司成为 8 比特芯片市场的领导者。为了保持竞争优势，确保市场份额，抵御其他制造商的竞争，英特尔公司确立了"永不停顿、不断创新"的企业理念，在技术方面仍然不断加强科研开发，并努力拓展产品的适用范围，始终牢牢地把握产品更新换代的主动权。尽管利润连年上升，但英特尔公司并不满足于现状，仍然以极高的频率"自己淘汰自己"。1993 年，英特尔公司推出微处理器的第五代产品 Pentium（奔腾）微处理器；1997 年，英特尔公司在 Pentium 微处理器还在热销的时候又推出了第二个成员 Pentium 2 微处理器；1999 年，英特尔公司已不再满足于自身全球最大电脑芯片供应商的角色，开

始挺进网络市场，并推出了新一代的 Pentium 3 微处理器；2002 年，英特尔公司推出采用了 0.13 微米制程的 Pentium 4 微处理器；2003 年，英特尔公司发布迅驰移动技术平台，其中包括了英特尔公司最新的移动处理器 Pentium M 微处理器；2006 年，英特尔公司发布了双核安腾 2 微处理器，该处理器集成了 17.2 亿个晶体管。英特尔公司让人们真切地感受到只有创新才能使企业保持活力。

技术创新既可以由企业单独完成，也可以由高校、科研院所和企业协同完成，技术创新过程的完成，是以产品的市场成功作为标志的。技术创新的过程在一般情况下无法缺少企业的参与，但具体就某个企业而言，企业采取何种方式进行技术创新，要视技术创新的外部环境、企业自身的实力等相关因素而定。对大型企业来说企业要建立自己的技术开发中心，提升技术开发的能力和层次，培养技术开发成果的有效机制；中小型企业更应侧重于深化企业内部改革，建立承接技术开发成果并能有效利用的机制。

故事分享：华为公司注重技术创新

华为公司坚持每年至少将销售收入的 10%投入研发，每年的研发经费中，20%~30%的经费用于研究和创新，70%的经费用于产品开发。华为公司有八万多研发人员，并在中国、德国、瑞典、俄罗斯及印度等多地设立了 16 个研究所，集全球不同地区的优势，从产品概念化到硬件架构，从 EMUI 操作系统到获得各类实验室的支持，华为公司的技术工艺在不断提升。过去 10 年间，华为公司研发投入累计超过 2400 亿元人民币，华为公司 2015 年投入 92 亿美元进行新技术和新产品的研发，占总销售额的 15%，已经超过苹果的 85 亿美元研发投入（占销售额的 3.5%）。2016 年 3 月，世界知识产权组织宣布，华为公司成为 2015 年度国际专利注册数量第一名，以 3898 项专利技术申请量获得专利技术条约第一名，与 2014 年比多出 456 项。截至 2015 年年底，华为公司在全世界范围内累计获得授权专利 50377 项，这些专利包括智能手机方面的 LTE 通信、智能手机操作系统、用户界面等。华为公司曾分别在美国和中国向三星公司提起知识产权诉讼。在该诉讼中，华为公司要求三星公司就其知识产权侵权行为对华为公司进行赔偿。除了起诉三星公司，在之前华为公司还与苹果公司达成专利交叉授权，并向苹果公司收取一定比例的专利费。数据显示，2015 年华为公司向苹果公司许可专利 769 项，苹果公司向华为公司许可专利 98 项，这意味着苹果公司当年需要向华为公司支付上亿美元的专利费用。

1.4.2　制度创新

制度创新是指通过投融资、企业产权、知识产权、人才资源、信用、行政管理等方面的市场化、法制化、国际化的改革和试点工作，创建有利于创新创业的体制和制度。

制度是组织运行方式的原则和规定，企业制度主要包括产权制度、经营制度和管理制度三个方面的内容。产权制度是决定企业其他制度的根本性制度，它规定着企业最重要的生产要素的所有者对企业的权利、利益和责任；经营制度是有关企业经营权的归属及其行使条件、范围、限制等方面的原则和规定；管理制度是企业中行使经营权、组织企业日常经营的各种具体规则的总称，包括对材料、设备、人员及资金等各种要素的取得和使用的规定。

故事分享：四通公司的衰落

四通公司曾经是中关村的"弄潮儿"，在 20 世纪 80 年代后期，当联想公司仅仅是一个微不足道的小公司时，四通公司已经依靠其汉字输入打字机这一独特产品而成为中关村知名度最高的企业，但是，进入 20 世纪 90 年代后，四通公司一直在困境中徘徊。纵观当时已有十几年发展的四通公司，虽然经常参与到一些重大的新闻或新兴业务中，但最后总是掉队，业绩也乏善可陈。在四通汉字输入打字机被淘汰后，四通公司始终没有拿出像样的产品，那时给人的感觉是"谁都知道四通，谁都不知道四通在做什么"，而形成这种局面的最根本原因之一就是四通公司的产权问题。自 1992 年起，股份制改造的问题有几年都被列入四通公司的议程，但始终未有实质性的进展，股份化成了公司的头号难题。产权不清带来的追求规模扩张、投资短期行为、决策不慎等弊端也日渐加深。对于当时像四通公司这样的企业，产权结构的明晰化就是企业发展的战略驱动力，正是因为缺乏这种战略驱动力，四通公司才深陷泥潭，错过了很多发展机会，并逐渐淡出人们的视线，成为一家不起眼的企业。"四通现象"具有普遍性，有不少企业也是如此，企业拥有很多资源，却总是不能将之转化为效益。

故事分享：格兰仕公司的制度变革

由于垂直式的管理模式与生产的协同制造、大规模定制之间存在着矛盾，知名家电企业格兰仕公司在前些年进行了一场组织架构扁平化的内部管理变革，改变了集团内部垂直式层层架构的设置，最终形成了决策、管理、执行的三层管理结构，由八位副总各分管八个领域，通过把一个集团变成一个工厂，使整个企业的反应能力迅速提高。

1.4.3　组织创新

组织创新是指通过对发起设立、运作机制、职能定位和治理结构等方面的创新，塑造创新型的企业组织、产业组织、社会组织和行政组织。

企业系统的正常运行，既要求具有符合企业及其环境特点的运行制度，又要求具有与之相适应的运行载体，即合理的组织形式，因此企业的发展必然要求组织形式的变革和发展。

从组织理论的角度来考虑，企业系统是由不同成员担任的不同职务和岗位的结合体。这个结合体可以从机构和结构这两个层次去考察。机构是指企业在构建组织时，根据一定的标准，将那些类似的或为实现同一目标而产生密切关系的职务或岗位归并到一起，形成的不同的管理部门。而结构则是与各管理部门之间，特别是不同层次的管理部门之间的相互关系。它主要涉及管理的纵向分工问题，即所谓的集权和分权问题。不同企业有不同的组织形式，同一企业在不同的时期随着经营活动的变化，也要求组织的机构和结构不断调整。

故事分享：通用电气公司的组织结构调整

在 20 世纪 60 年代末，通用电气公司与威斯汀豪斯电气公司激烈竞争，公司财政一直存在赤字。公司的最高领导为摆脱危机，于 1971 年在企业管理体制上采取了一种新的战略性措施，即在事业部内设立"战略事业单位"。这种"战略事业单位"是独立的组织部门，可以在事业部内部有选择地对某些产品进行单独管理，以便事业部将人力、物力能够机动有效地集中分配使用，从而对各种产品、销售、设备和组织编制出严密的有预见性的战略

计划。通用电气公司的领导集团很重视建立"战略事业单位",认为它是十分有意义的步骤,对公司的发展也是一个重要的途径。1971 年,该公司在销售额和利润额方面都刷新了纪录。从该公司 20 世纪 60 年代到 70 年代中期迅速发展的情况看,这项措施确实起了不少作用。1966 年到 1976 年间,通用电气公司的销售额增长了一倍,由 71.77 亿美元增加到 156.97 亿美元;纯利润由 3.39 亿美元增加到 9.31 亿美元。同时期的固定资产总额由 27.57 亿美元上升到 69.55 亿美元。

1.4.4　文化创新

文化创新的目的是通过思想观念的变革和先进文化的交融,为创新创业提供强大的精神动力。

曾任通用电气公司 CEO 的杰克·韦尔奇说:"如果你想让车速再快一些,只需要加一加马力;而若想使车速增加一倍,你就必须要更换铁轨了。资产重组可以一时提高公司的生产力,但若没有文化上的改变,就无法维持高生产力的发展。"

组织文化是特定组织在处理外部环境和内部整合的过程中出现各种的问题时,所发现、发明或发展起来的基本假说的规范。从现代系统论的观点看,组织文化的结构层次分为表层文化、中介文化和深层文化,组织文化的表现形态有物化文化、管理文化、制度文化、生活文化和观念文化,组织文化的构成要素有组织精神、组织理念、组织价值观、组织道德、组织素质、组织行为、组织制度和组织形象等,由此可构成一个有着内在联系的组织文化复合网络图,如图 1-6 所示。

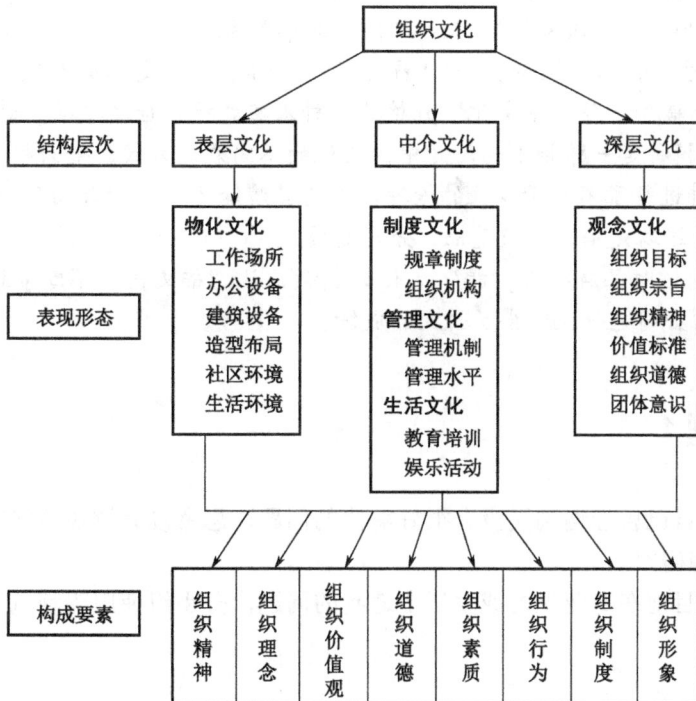

图 1-6　组织文化复合网络图

故事分享：金六福的"福"文化

金六福公司自 1998 年上市以来，就将"福"文化作为企业的一种不断成长的文化，并不断地对其进行创新。

第一阶段（1998 年～2000 年）：个人之福、家庭之福。

金六福公司最初的广告是中国人最熟悉的传统佳节、合家团聚的情景，在一派喜庆吉祥的气氛中，一句童稚的"好日子离不开它，金六福酒"，打动了千万人的心，不仅成为了大江南北家喻户晓的佳句，也把金六福公司的品牌形象定格在了个人和家庭最幸福的时刻。

第二阶段（2001 年～2003 年）：民族之福、国家之福。

金六福公司通过赞助中国足球出线世界杯、中国申奥并成为中国奥委会 2001～2004 年的合作伙伴等活动，将"福"文化理念提升到了民族之福、国家之福层面，一句"中国人的福酒"，成为这一时期的代表性口号。金六福公司很少用名人做广告，因为金六福公司认为福是没有高低贵贱之分的，历史上少有的一次广告中选用了足球教练"福星"米卢，但即使这一次也是因为米卢与金六福公司的"福"文化理念有缘。广告中米卢一袭古装打扮，手拿金六福酒对着镜头说"金六福，中国人的福酒"，这一广告已经成为中国白酒广告的经典之作。北京申奥成功时，金六福酒被中国申奥代表团高高举起，以示成功的喜庆，金六福酒成为为中华民族带来福气的庆功美酒，其象征意义已远超出了酒的范畴，而成为民族和国家福运的象征。2002 年 1 月，厦门、金门首次通航，在这一令中华民族举世瞩目的团聚时刻，金六福酒又作为访亲团成员的礼物捎给两岸阔别几十年的亲人，成为民族团聚的信物。两岸直通，是亿万同胞之福，也是中华民族之福，金六福公司的这次公关活动，让许多人在这历史性的时刻，把金六福酒记在了心中的最深处。

第三阶段（2004 年～2008 年）：人类之福、世界之福。

金六福公司通过赞助奥运会，把"福文化"推向了一个更高的层次，提出了"奥运福、金六福"的新概念，使"福文化"升格为一种人类之福、世界之福。金六福公司认为，"福"文化和奥运精神是一脉相承的，是中西文化的不同表达方式。金六福公司站在一个新的高度对奥运精神进行了不同于以往的诠释，并将其演绎为新的"六福"：欢聚是福、参与是福、和平是福、进取是福、友谊是福、分享是福。

金六福公司通过对品牌核心"福"文化的创新，让"福文化"不断紧跟时代的精神，与时俱进，金六福公司也借此取得了骄人的成绩。

思考与练习题 1

1. 分析一个自己曾经遇到又没有很好解决的问题，思考没有解决该问题的原因可能是遇到了哪些思维障碍？

2. 选择一个目前在专业学习或生活上遇到的问题，分小组使用头脑风暴法尝试解决这个问题。

第2章

高职教育与就业创业

教学导航

- ➤ 高职教育发展现状

- ➤ 就业与创业教育

- ➤ 就业与创业的形势和政策

2.1 高职教育发展现状

2.1.1 国际高职教育的发展现状

近年来，各国职业教育纷纷采取各种改革措施，以实现职业教育与就业教育、创业教育、全民教育的相互渗透。

1. 采用模块化课程教学方式的创业教育

澳大利亚重视对学生潜能的挖掘和综合素质的培养，采用模块化课程的教学方式，通过大量的案例启发学生，教会学生分析研究市场、设计创业方案、开展考核评估，以及激发学生的创业动机。

2. 实施"职业英才促进项目"，促进社会的凝聚力和资源整合

德国除对残疾人、妇女和外籍子女接受职业教育的培训采取特殊的资助措施外，还在世界上首次将普教领域的英才促进措施引入职教领域，每年向 3000 名高技能型青年提供每人 3000 马克的资助，采取重点辅导、出国学习等办法，培养职业领域的"行家里手"。

3. "合作式"职业教育模式，促进统一市场的形成与发展

欧盟总结了德国与奥地利对 150 种专业的职业教育证书互相承认的经验，在不改变欧盟各自职业教育体制的框架的情况下，通过评估与考核，承认各相关专业的各国职业教育证书的等值性，制定了适用欧盟各国的，用英、法、德三种文字印刷的"欧洲职业教育通行证"，为欧洲统一劳动力市场的形成与发展以及解决欧洲青年的失业问题进行了有益的尝试。

4. 加强学校的开放性，打破大学与社会相隔绝的状态，建设国际性开放大学

英国多科技术学院实施"三明治课程"。多科技术学院属于高等职业教育之列，其学位课程模式是前两年在学院学习，第三年到相关的企业实习，最后一年又回到学院学习。文凭课程模式则是第一年在学院学习，第二年到企业接受实际培训，第三年再回到学院学习课程。多科技术学院对教育的基础形式进行了创新，培养了有技术的、能适应社会职业需要的人才。

5. 走综合化发展道路，构建职业教育体系，使高职院校成为一个资源开发中心

印度学生在完成 8 年义务教育后，可升入二年制的高中阶段进行学习。完成 10 年学业的学生，如果考不上高等院校，可以进入"工业培训学院"或"职业学校"接受二年制职业教育，或进入"综合工业学校"接受三年制技术教育从而成为职业人才。

随着信息时代的来临，世界各国职业教育逐渐融入到终身教育体系中，职业教育不再被看作"终结性教育"，而被看作一种"阶段性教育"。

芬兰在合并 85 所职业教育机构的基础上，组建了 22 所高职院校，职业高中和普通高中的毕业生均有机会升入高职院校进行深造。

2.1.2　中国高职教育的发展现状

经过二十多年的发展，中国高职教育已经占据了高等教育的半壁江山，在完善高等教育结构体系、促进高等教育的大众化、满足人民群众接受高等教育愿望等方面起到了重要作用。

联合国教科文组织（UNESCO）21 世纪第一个 10 年的技术和职业教育计划指出：现在国际上流行的发展模式，由于对环境、教育以及社会福利都有不利影响，不能无限期地继续下去。今后必须实行可持续发展模式，未来的技术和职业教育与培训不仅要培养适应在信息社会就业的人，而且要使他们成为负责任的公民。技术和职业教育与培训不仅靠"需求驱动"，而且还应当为"发展需求驱动"。

1．基本情况

1）总体规模

2015 年，全国独立设置的高职院校达 1341 所，招生人数 348 万人，毕业生人数 322 万人，在校生人数 1048 万人，全年为社会提供技术培训超过 2000 万人次。高等职业教育作为高等教育的半壁江山，为适龄青年提供了进入高校学习并掌握就业技能的机会，对高等教育从精英阶段进入大众化阶段的转变起到了重要作用。2010～2014 年在校大学生及高职生人数如图 2-1 所示。

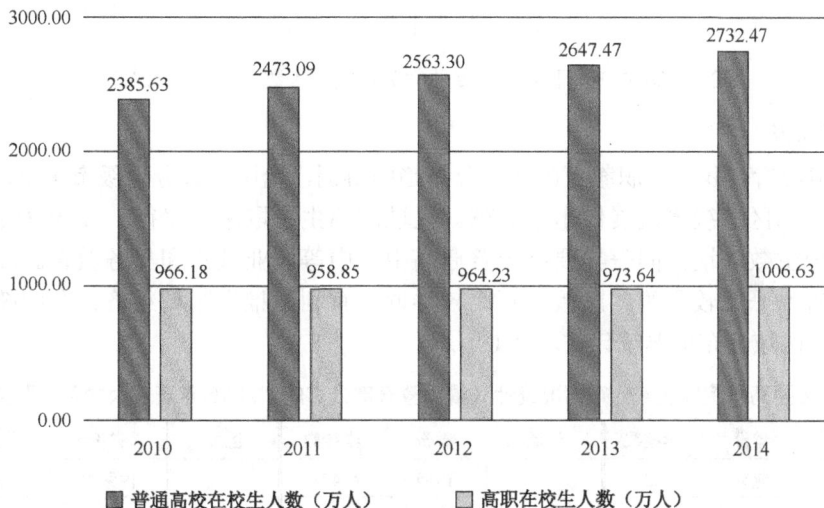

图 2-1　2010～2014 年在校大学生及高职生人数（根据国家统计局相关数据整理）

2）专业设置

教育部 2016 年 5 月印发了新修订的《普通高等学校高等职业教育（专科）专业设置管理办法》和《普通高等学校高等职业教育（专科）专业目录（2015 年）》，对高职教育专业设置作出了新的规定，在保持 19 个专业大类数目不变的基础上对排序和划分进行调整，专业类别由原来的 78 个调整增加到 99 个，专业总数由原来的 1170 个调减到 747 个（其中保留 263 个专业，占总数的 36%；更名 167 个专业，占总数的 22%；合并 243 个专业，占总数的 32%；新增 74 个专业，占总数的 10%；取消 69 个专业），同时还首次列举了 764 个专业方向。其中一、二、三产业相关专业数比例为 6.8∶39.4∶53.8，与当前国内生产总值比

例基本吻合。2014 年高职院校各专业大类在校生人数如图 2-2 所示。

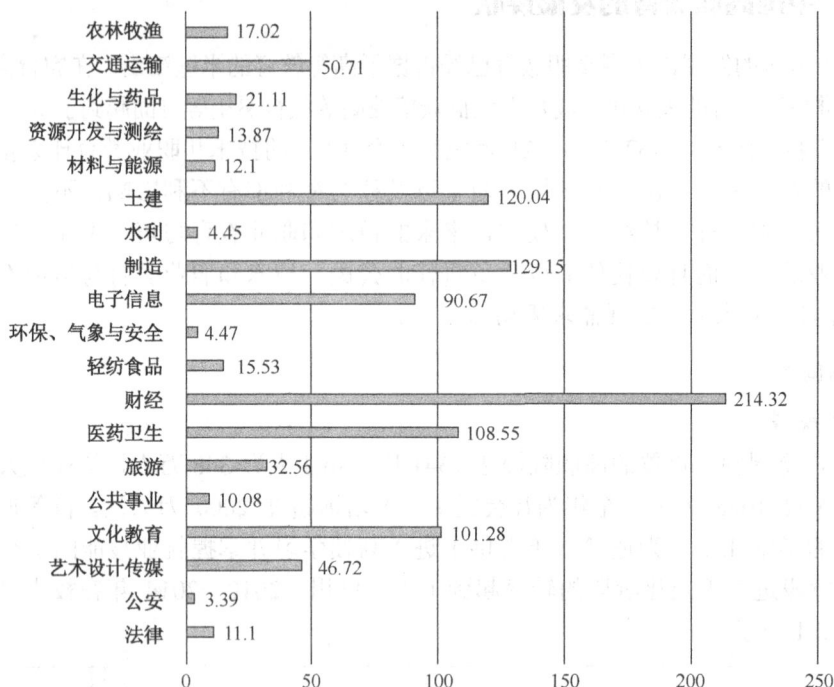

图 2-2　2014 年高职院校各专业大类在校生人数（单位：万人）

3）区域布局

从分布情况看，我国高职教育的区域分布趋向协调，全国大部分地级市每市已至少有 1 所高职院校，为区域统筹发展做出了贡献。区域间招生录取率较平衡，高职（专科）教育每万人口在校生数的地区间差异要小于普通高中、中等职业教育和义务教育。高职教育机会的区域配置水平比较平等，区域分布比较协调，有利于推进区域经济社会的统筹发展。我国高职院校区域分布情况统计如表 2-1 所示。

表 2-1　我国高职院校区域分布情况统计（根据教育部公布的"2016 年正规大学名单"整理）

区域	省份	学校数	区域	省份	学校数	区域	省份	学校数
东部 （547 所）	北京	25	中部 （449 所）	山西	47	西部 （363 所）	内蒙古	36
	天津	25		安徽	74		广西	37
	河北	59		江西	56		重庆	40
	辽宁	51		河南	74		四川	58
	上海	26		湖北	60		贵州	37
	江苏	89		湖南	72		云南	41
	浙江	48		吉林	23		西藏	3
	福建	51		黑龙江	43		陕西	38
	山东	77					甘肃	27
	广东	85					青海	8
	海南	11					宁夏	10
							新疆	28

4）师资队伍

"十二五"以来，高等职业学校教师队伍实现持续快速增长，总规模达到 63 万人，专任教师达到 43.66 万人，"双师型"教师占比已接近 40%，兼职教师达到 13 万人。国家依托高等学校、职业院校和大中型企业建立了 93 个全国重点建设职业教育师资培养培训基地、8 个全国职业教育教师专业技能培训示范单位和 10 个全国职业教育教师企业实践单位。职业院校教师素质提高计划中专设高等职业教育院校教师企业顶岗实践项目，每年组织 5000 名高职教师到企业中进行实践。

5）招生考试

2013 年，教育部《关于积极推进高等职业教育考试招生制度改革的指导意见》提出，逐步使高等职业教育考试招生与普通本科考试分离，重点探索"知识+技能"的考试评价办法，为学生提供多样化的入学形式。《国务院关于深化考试招生制度改革的实施意见》进一步要求，2015 年通过分类考试录取的学生要占高职院校招生总数的一半左右，2017 年成为主渠道。据统计，2015 年高职分类考试招生数达到 170 万人，首次超过高职招生计划总量的 50%。2010～2014 年高职和普通高校的招生人数与普通高中毕业生数和招生数如图 2-3 所示。

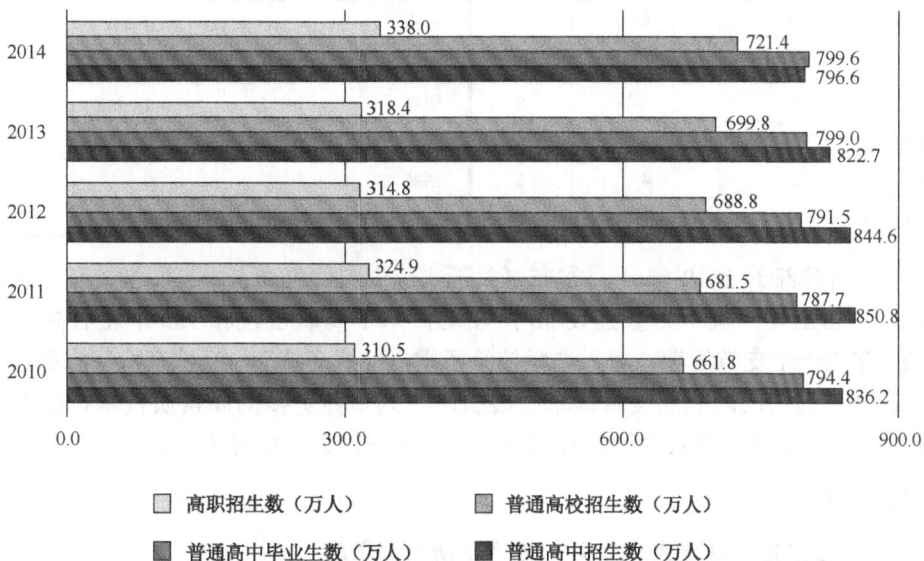

图 2-3　2010～2014 年高职招生人数及相关数据

6）高职院校的"211"建设

2006 年 11 月，教育部和财政部正式启动了"国家示范性高等职业院校建设计划"，这项计划被誉为中国高水平高等职业院校建设的"211 工程"。中央财政资金投入 45.5 亿元，引领带动地方财政投入 89.7 亿元、行业企业投入 28.3 亿元，总投入 163.5 亿元，支持 200 所国家示范（骨干）高职院校重点建设 788 个专业点。近年来，中央财政共投入 16.667 亿元，支持 715 所高职院校建设 910 个实训基地，带动"教、学、做"一体化教学模式改革。国家还投入中央财政资金 3.8 亿元，建设覆盖全部 19 个高职专业大类的职业教育专业教学资源库。截至 2015 年年底，全国所有省份均建立了高职生均拨款制度。按照相关政策要求，在 2017 年，各地高职院校生均财政拨款水平应不低于 1.2 万元。这意味着，高职院

校的经费投入将与高等院校实现同等待遇。高职院校的奖学金覆盖近30%的学生，助学金覆盖25%以上的学生。国家示范院校与国家骨干院校分省数量统计如表2-2所示。

表2-2 国家示范院校与国家骨干院校分省数量统计

地区	国家示范院校（所）	国家骨干院校（所）	小计（所）	地区	国家示范院校（所）	国家骨干院校（所）	小计（所）
北京	4	2	6	河南	4	3	7
上海	4	3	7	湖北	4	5	9
天津	4	3	7	湖南	5	4	9
重庆	3	3	6	广东	4	7	11
河北	4	4	8	广西	2	3	5
山西	2	3	5	四川	6	5	11
内蒙古	2	2	4	云南	2	1	3
辽宁	4	3	7	贵州	1	1	2
吉林	3	1	4	陕西	3	3	6
黑龙江	4	3	7	甘肃	2	3	5
江苏	7	8	15	新疆	3	2	5
浙江	6	5	11	海南	1	1	2
安徽	3	5	8	宁夏	2	1	3
福建	2	4	6	青海	1	1	2
江西	1	4	5	西藏	1	0	1
山东	6	7	13	总计	59	60	119

教育部、财政部于2019年4月发布《关于实施中国特色高水平高职学校和专业建设计划的意见》，指出要"集中力量建设50所左右高水平高职学校和150个左右高水平专业群"，"每5年为一个支持周期，对入选学校给予重点经费支持"。通过有特色的高水平高职院校专业建设，为我国的职业教育改革发展引路，为培养更多的高素质技术技能人才作出示范，最终让我国的职业教育为地方经济社会的发展作出人才培养贡献。

2. 基本理念

1）以服务为宗旨，以就业为导向，走产学研结合之路

立足于高等教育层次，突出职业教育特点，建设以服务为宗旨、以就业为导向、走产学研结合之路的高等职业教育，已成为高等职业教育的共识，也正在逐步被全社会接受和认可。而教学目标的根本意义则是如何使受教育者具备从事某一特定职业所需要的能力，高职教育现已成为一种谋生教育。

2）以培养高等技术应用型、高技能型专门人才为定位

高职人才培养模式的基本特征是：以培养高等技术应用型和高技能型专门人才为根本任务，以适应社会的发展需要为目标，以培养职业岗位的技术技能为主要任务，来设计学生应有的知识、能力及素质结构。

3）按社会需求设置专业

高职院校的专业设置逐步从"条件驱动"向"需求驱动"转变，只要有岗位需求，就

可以设置对应的专业。实践教学体系和理论教学体系同等重要，实践教学的主要目的是培养学生的技术应用能力，并在教学计划中占有较大比重。教学内容、教学方法、产学研结合、质量保障体系等的改革，成为了高职教育改革的主旋律。创新培养模式、职业特点突出、人才质量可靠等特点则成为了高职教育突出的核心竞争力。

4）适应大众化发展需要，多样化发展

随着科学经济的发展，新的岗位和职业不断出现，社会对高级技术应用型人才多样化的需求日益明显，高职教育应在服务面上实现重心下移、办学触角延伸、招生规模不断扩大的目标，以更好地适应大众化、多样化的发展需求。

2.2　就业与创业教育

1997 年，清华大学的"创业计划大赛"拉开了我国创业教育的序幕。1999 年 1 月教育部公布的《面向 21 世纪教育振兴行动计划》，对加强教师和学生的创业教育、鼓励自主创办高新技术企业起到了极大的促进作用。2002 年 4 月，教育部高等教育司在北京召开的普通高校创业教育试点工作座谈会上提出对大学生进行创业教育，培养具有创新精神和创造、创业能力的高素质人才是当前高等学校的重要任务。在 2014 年 9 月的夏季达沃斯论坛上，李克强总理提出，要在 960 万平方公里的土地上掀起"大众创业""草根创业"的新浪潮，形成"万众创新""人人创新"的新势态。

2.2.1　就业与创业的内涵

1. 就业与创业的概念

就业指劳动者与生产资料相结合，从事一定的社会劳动并取得劳动报酬或经济收入的活动。就业的形式有正规就业和非正规就业之分。所谓正规就业，指取得正式的就业身份、地位和相对稳定的就业，传统上称为"正式工"。所谓非正规就业，指未取得正式的就业身份、地位和相对不稳定的就业，传统上称为"临时工"。

创业是劳动者依据个人需要和社会需求，综合利用个人的资源，发现机会并选择、开拓能够产生经济价值和社会效益的活动的过程。

创业是一个系统工程，它不仅要求创业者在企业定位、战略策划、产权关系、市场营销、生产组织、团队组建和财务体系等领域中有一定的知识积累，还要求创业者从心理、身体等方面做好充分的准备，以应对创业中的困难。

哈佛商学院教授史蒂文森指出："创业是不拘泥于当前资源条件的限制下对机会的追寻，然后将不同的资源组合以利用和开发机会并创造价值的过程。"

2. 创新和创业的关系

成功创业者都具有一个共同的特点，就是不断创新。从本质上讲，创新是创业的灵魂，没有创新，企业的生存空间就会缩小，就不会凝聚出自己的核心竞争力，也不会获得必要的竞争优势。

从某种意义上讲，创业和创新是一对孪生兄弟，它们之间的关系是：创业，因创新而

生；创新，因创业而得以实现。创新的本质不是技术，不是工具，也不是操作，创新对创业者来说是一种观念，是一种意识，是一种行为方式。创新的前提是创意，创新的延续是创业。比尔·盖茨曾经这样来阐述创意："创意犹如原子裂变一样，只需一盎司，便可带来无以计数的商业效益。"爱因斯坦说："我们所面对的重要问题，是无法在我们思考和创意的相同层次上获得解决的。"在有了创意和创新后，还要通过创业的途径使创意和创新落到实处。创新无处不在，下面的故事可以给出一些启示。

故事分享：药罐的结构创新

我们知道中药在煎熬过程中总有一些药液从罐口外溢，江西有一位中医师立志要解决这一难题。他想了很长时间也没有结果，后来他注意到家里的泡菜坛子，发现其结构很有特点：它的上口周围有一圈槽，将碗倒扣在槽上，然后在槽中灌满水，水封槽就起到密封坛口的作用。这位中医师经过观察后决定将泡菜坛子的结构移植到传统的煎药罐上，他将药罐做成泡菜坛的样式，在罐口边加了个浅槽，又开了个通向罐内的小孔，当药液外溢到槽里后能沿小孔再流向罐里。该药罐已获得国家专利并在生活中受到用户的欢迎。

2.2.2 创业教育

1. 什么是创业教育

创业教育始于 20 世纪 70 年代的美国，最早提出创业教育概念的人是柯林·博尔博士。

创业教育，就是培养具有开创性人才的教育，是提升创业技能的重要途径之一，它是一种素质教育。创业教育是要培养和强化学员的创业技能，包括创新思维的锻炼、创新能力的增强、识别和把握机会能力的提高，以及领导力的训练等。创业教育的目标如表 2-3 所示。

表 2-3 创业教育的目标

重要程度排序	创业教育的目标
1	增加对新创事业创建与管理过程的认知与了解
2	增加学生职业生涯发展中的创业选项
3	了解创业活动与职能管理活动间的关系
4	了解创业所需的特殊技能
5	了解新创企业在经济与社会发展中的作用和功能

联合国教科文组织提出："除了要求受雇者在事业上有所成就外，用人机构或个人正越来越重视受雇者的创新精神、冒险精神、创业能力、独立工作能力，以及技术、社交和管理技能，它为学生灵活、持续、终身的学习打下基础。""培养大学生创业技能与主动精神应成为高等教育重点关心的问题，大学生不仅是求职者，还要成为工作岗位的创造者。""创业教育是学习的'第三本护照'，应把它提高到与学术教育、职业教育同等重要的地位。"

全国高等学校学生信息咨询与就业指导中心的曹殊研究员说："创业教育将培养未来的中小企业主，以及具有良好创业素质的社会公民，是解决社会就业问题的有效手段。为此，高等学校必须将创业技能和创业精神作为教育的基本目标，使毕业生不仅成为求职者，还能成为岗位的创造者。"

2. 我国大学生创业教育的特色

1）有国家政策的支持和重视

2012 年，党的十八大报告对于创新创业工作明确提出："鼓励多渠道多形式就业，促进创业带动就业，加强职业技能培训，提升劳动者就业创业能力，增强就业稳定性，全党都要关注青年、关心青年、关爱青年，倾听青年心声，鼓励青年成长，支持青年创业，深化科技体制改革，加快建设国家创新体系，着力构建以企业为主体、市场为导向、产学研相结合的技术创新体系。完善知识创新体系，实施国家科技重大专项，实施知识产权战略，把全社会的智慧和力量凝聚到创新发展上来。"

2015 年 05 月 01 日，国务院发布《关于进一步做好新形势下就业创业工作的意见》（国发〔2015〕23 号），要求通过培育创业创新公共平台、拓宽创业投融资渠道、支持创业担保贷款发展、加大减税降费力度、调动科研人员创业积极性、营造大众创业良好氛围等，来实现积极推进创业、带动就业。

2015 年 05 月 13 日，国务院办公厅发布《关于深化高等学校创新创业教育改革的实施意见》（国办发〔2015〕36 号），文件指出："从 2015 年起全面深化高校创新创业教育改革。2017 年取得重要进展，形成科学先进、广泛认同、具有中国特色的创新创业教育理念，形成一批可复制、可推广的制度成果，普及创新创业教育，实现新一轮大学生创业引领计划预期目标。到 2020 年建立健全课堂教学、自主学习、结合实践、指导帮扶、文化引领融为一体的高校创新创业教育体系，人才培养质量显著提升，学生的创新精神、创业意识和创新创业能力明显增强，投身创业实践的学生显著增加。"

2）借鉴国外先进方法，创新大学生创业教育体系

我国高校的创业教育经过几年的摸索和实践，已经初步形成了一定的规模。创业教育中除了借鉴国外的先进方法和丰富经验外，还有一些创新点：

(1) 以创业为主要内容的教学内容创新；

(2) 打破院系班级限制的教学组织创新；

(3) 重视参与程度的教学考核创新；

(4) 通过演习实现小班授课的教学方式创新；

(5) 以培养创业型人才为目的的教学管理创新等。

3. 中外大学生创业因素比较

1983 年美国得克萨斯大学奥斯汀分校举办了首届大学生创业计划竞赛，之后此类形式的大赛便逐渐延伸到世界其他国家的大学并逐渐呈现壮大趋势。在美国，大学生创业并取得成功的例子屡见不鲜。如美国微软公司联合创始人比尔·盖茨、戴尔计算机公司的创始人迈克尔·戴尔、雅虎公司的创始人杨致远等，都是在大学期间进行创业。从某种意义上说，高等院校的创业计划大赛已经成为了美国经济的直接驱动力。

中外大学生创业因素的异同如下。

1）相同点

在投资方式上，作为大学生，没有雄厚的物质基础，资金有限，唯有利用专利、专业

技术或高新技术成果等无形资产进行投资，多数创业者都是由技术人员向管理和经营人员转化，这是中外大学生创业的共同之处。

目前，中国大学生创业活动还处于艰难的发展过程中，但从发展的态势来看，我国大学生创业活动的各个方面逐渐趋好。我国于 1999 年开始重视启动民间投资，随后国家有关部门表示，将鼓励中小型高科技企业的发展，并推出方便风险投资基金运作的创业板证券市场，并于 2001 年国务院出台了《个人独资企业申报办法》。大学生创业最难解决的风险投资问题已经得到了很好的改进，中国的大学生"挑战杯"科技竞赛和大学生创业计划大赛，将大学生创业推向一个新的高潮。

2）不同点

（1）社会环境和氛围不同。国外强调个人奋斗、机会均等的平等思想观念。而在国内，从政府到社会、高校都鼓励大学生参与社会实践、自主创业，政府出政策，高校举办创业设计大赛，鼓励学生创业，努力营造一个真正的大学生创业的氛围和条件。

（2）教育模式不同。国外教育体制是讲求个性的开放式教育体制，无论是基础教育还是高等教育，都极为重视学生的个性发展。而我国的教育是管理型的，半封闭型的，实行的是不完全的"学分制"，大部分学生不能提前或推迟学业，了解社会的机会较少。

（3）资金来源不同。在吸收风险投资方面，国外有成熟的资本市场，风险投资资金充足，信息服务行业发达，各种咨询服务机构齐全。而目前我国的资本市场相对落后，创业投资处于起步阶段，二级市场不够完善，融资有一定困难。

（4）创业文化不同。创业文化作为观念形态的文化，是社会存在的能动反映，是社会经济和政治及社会全面发展的巨大推动力。对美国经济社会发展具有重要促进作用的硅谷创业文化，就是我们学习的榜样。虽然在创业中成功与失败并存，机遇与风险同在，但人的智慧与创造力在此过程中发挥得淋漓尽致。面对知识经济的挑战，我国的高等学校同样需要这种浓郁的创业文化氛围。

2.3 就业与创业的形势和政策

目前，我国高等教育已进入大众化发展阶段，高校毕业生数量连年攀升，自 1999 年第一次高考扩招以来，高校毕业生从 2001 年的 114 万人剧增至 2016 年的 756 万人，就业形势令人担忧。

2.3.1 就业的形势与政策

随着我国社会主义市场经济体制的建立，我国就业制度的改革步伐也逐步加快，政府机关推行国家公务员制度，企业实行劳动合同制度，毕业生执行学校推荐、学生和用人单位双向选择的就业制度。这一系列就业制度和政策的形成，造就了当前就业形势的多元化。面对复杂的就业形势，中央及地方政府已逐步制定有关就业的政策和法规。毕业生应了解当前就业制度的相关政策，以维护自己的合法权益，实现人生理想，用自己所学的知识，更好地服务社会。

　　中国国家信息中心的高辉清博士曾在 2006 年指出：中国的第三次失业高峰正在到来，第一次失业高峰是 20 世纪 70 年代末知青返城，带来巨大的就业压力；第二次失业高峰是指 20 世纪 90 年代大批国企工人下岗。我国经济面临的产能过剩问题导致的第三次失业高峰已经到来。

1. 就业的形势

　　从 20 世纪末开始，高等学校的毕业生人数逐年增加。由于经济体制转型、产业结构调整、国有企业改制、事业单位人事制度改革、国家机关精简机构等原因，大量人员下岗分流，使原来接收毕业生主渠道的接收能力降低。而新增长的就业点，如独资企业、合资企业、私营企业、民营企业，其接纳能力不能完全满足市场需求。因此国家非常重视毕业生的就业工作，并出台了系列意见和政策措施。全国前些年高校毕业生人数如图 2-4 所示。

全国前些年高校毕业生人数（万人）

图 2-4　全国前些年高校毕业生人数

（数据来源：中国教育在线网站，链接：http://www.eol.cn/html/c/2016gxbys/index.shtml）

　　国家根据每年毕业生资源情况和社会对毕业生的需求情况，制定当年的大学生就业方针、政策或指导性就业方案。高等院校按照国家方针、政策和学校主管部门的要求，落实毕业生就业方案，组织毕业生离校，用人单位按照国家下达的接收方案接收毕业生。到目前为止，已经逐步形成了职责明确、条块结合的毕业生就业管理制度。

　　就业工作坚持公开、公平、择优、自愿的原则，随着劳动人事制度改革的深化，实行国家宏观调控、学校和各级政府推荐、学生和用人单位双向选择的就业模式。社会各行各业各部门基本确定了毕业生招聘录用的方式和管理办法，就业形势比较稳定。

　　政府机关按照公务员的要求录用毕业生；企事业单位按照新的劳动人事管理办法录用毕业生；独资企业、合资企业、民营企业采取人事代理制度录用毕业生，由当地人才交流中心为毕业生办理人事代理手续，企业聘用后，人才交流中心负责对其档案、技术职务评审等方面的管理以及职业流动中的有关手续转移等工作。

　　就业工作以服务为宗旨，以就业为导向，走产学研结合的发展道路，已经成为高职教育战线的共识和自觉行动，并取得成效。

　　由上海市教育科学研究院和麦可思研究院于 2015 年 7 月发布的《2015 中国高等职业教育质量年度报告》显示，2011 届至 2014 届高职毕业生就业率持续提升，2014 届高职毕业生毕业半年后的平均就业率为 91.5%，比 2013 届高 0.6%，比 2012 届高 1.1%，比 2011 届高 1.9%。

2011 届高职生毕业三年后的平均月收入为 4812 元，比毕业半年时的平均月收入增长了 2330 元，增幅为 94%。高职生毕业半年后的平均月收入与本科毕业生的差距逐步缩小，2011 届～2014 届高职毕业生与本科毕业生的差幅分别为 19%、19%、17% 和 15%。60% 的 2011 届高职毕业生在毕业后三年内有岗位晋升情况出现。

2. 就业的政策

就业乃民生之本，安国之策。积极促进大学生充分就业，是党和政府执政为民、解决民生问题的重要举措，对学生的职业生涯发展、解除千千万万个家庭的后顾之忧、保持社会的长治久安、加快社会主义和谐社会的建设具有重要的意义。

1）双向选择，自主择业的就业政策

目前，高等院校的毕业生就业基本实现了双向选择、自主择业的就业模式。2000 年教育部将毕业生就业的"派遣证"改为"报到证"，这从性质上表明了毕业生的就业自主地位得到了确立。

现行的毕业生就业政策，是近 30 几年来逐渐形成的。1983 年首次实行"供需见面"试点，当时的试点单位为清华大学、上海交通大学、西安交通大学、原山东海洋学院，1984 年又新增加了四川大学。在实行"供需见面"试点的同时，教育部还提出应扩大高等学校分配毕业生的权限。

2007 年 8 月 30 日，国家主席胡锦涛签署主席令颁布《中华人民共和国就业促进法》，并于 2008 年 1 月 1 日起实施。《就业促进法》将经过实践检验的切实有效和积极的就业政策措施升格为法律规范，使促进就业的各项政策措施和资金投入法制化，这样有利于建立促进就业的长效机制，保障我国积极的就业政策长期实施和有效运行。

2）特殊情况毕业就业政策

（1）经学校推荐、单位选择，确属无单位接收的毕业生

经学校推荐、单位选择，确属无单位接收的毕业生，原则上回家庭所在地过渡就业，在当年内落实工作单位的，国家负责派遣。

（2）申请自费出国不参加分配的毕业生

申请自费出国不参加分配的毕业生应在国家规定的期限内提出申请，经学校审核同意，省、市、主管部门批准，可作为减员处理，不列入分配计划，原则上不再负责派遣。集中派遣时间内未办妥签证手续的毕业生，原则上应将其户口转到其家庭所在地。

（3）派遣前学生因病不能坚持 8 小时工作的毕业生

派遣前学生因病不能坚持 8 小时工作的毕业生不得进行派遣，让其回家休养，1 年内病愈者，列入下一届毕业生计划派遣。1 年内仍未病愈的，不再享受公费医疗，将其户口转到家庭所在地，病愈后按社会行业人员自谋职业。毕业生报到后发生疾病不能坚持正常工作的，应按在职人员的有关规定处理。

（4）在规定时间内落实工作单位的结业生

在规定时间内落实工作单位的结业生由学校负责就业手续，并注明结业；规定时间内无接收单位的，学校将其档案等关系转到家庭所在地（家庭农村的保留非农户口），并应自谋职业。

（5）对来自边远省区的毕业生

边远省区是指内蒙古自治区、黑龙江省、广西壮族自治区、贵州省、云南省、西藏自治区、甘肃省、宁夏回族自治区、青海省、新疆维吾尔自治区。对来自边远省区的毕业生，若所学专业为本省区（含国务院各部委在这些地区的直属单位）所需的，原则上要安排回去就业。

（6）对违约和不服从就业派遣的毕业生

毕业生经供需见面或双向选择后，都要签订就业协议，每人在选择用人单位后只能订一份协议。国家规定要求用人单位必须维护毕业生就业计划的严肃性，就业计划一经形成，用人单位不准拒收毕业生；同样，毕业生也不能违约或随意更换用人单位。如果毕业生单方面违约则应由毕业生向学校和用人单位交纳一定数额的违约金。

（7）毕业生见习期的规定

学校的本科、专科毕业生就业后，原则上都要安排到基层学习，见习期为 1 年。对入学前已从事 1 年以上该专业实际工作的，经单位批准，可免去见习期。当见习期满后，由毕业生本人写出总结，经过民主评议，由单位做出考核鉴定，填写考核鉴定表，并将鉴定材料载入个人档案。毕业生由于本人原因达不到见习要求的，经所在单位评议报主管部门批准，延长见习期半年至一年。延长期结束后仍达不到要求的，另行安排工作，工资待遇按毕业生转正工资标准低定一级。对表现特别不好的，经批准后，予以辞退。

故事分享：成功并不像你想象得那么难

1965 年，一位韩国学生到剑桥大学修习心理学。在喝下午茶的时候，他常到学校的咖啡厅或茶座听一些成功人士聊天。这些成功人士包括诺贝尔奖获得者、某一领域的学术权威和一些创造了经济神话的人，这些人幽默风趣、举重若轻，把自己的成功都看得非常自然和顺理成章。在时间一长后他发现，在国内时他被一些成功人士欺骗了。那些人为了让正在创业的人知难而退，普遍把自己的创业艰辛夸大了，也就是说，他们在用自己的成功经历吓唬那些还没有取得成功的人。作为心理学系的学生，他认为很有必要对韩国成功人士的心态加以研究。1970 年，他把《成功并不像你想象得那么难》作为毕业论文，提交给现代经济心理学的创始人威尔·布雷登教授。布雷登教授读后大为惊喜，他认为这是一个新的发现，这种现象虽然在东方甚至世界各地普遍存在，但此前还没有一个人大胆地提出来并加以研究。惊喜之余，他写信给他的剑桥校友——当时正坐在韩国政坛第一把交椅上的朴正熙。他在信中说，我不敢说这部著作对你有多大的帮助，但我敢肯定它比你的任何一个政令都更能令社会产生震动。

后来这本书果然伴随着韩国的经济起飞了。这本书鼓舞了许多人，因为他从一个新的角度告诉人们，成功与"劳其筋骨，饿其体肤""三更灯火五更鸡""头悬梁，锥刺股"没有必然的联系。只要你对某一事业感兴趣，长久地坚持下去就会成功。后来，这位青年也获得了成功，成为了韩国泛亚汽车公司的总裁。

并不是因为事情难我们不敢做，而是因为我们不敢做，事情才变得难。人生中的许多事，只要想做，就有可能做到；该克服的困难，只要想克服，就都能克服。只要一个人在某一领域一直保持兴趣和坚持，他终究会发现，成功就是水到渠成的。

2.3.2　创业的形势、政策与法规

21世纪的中国，到处都充满着青春的气息与活力。改革开放30年来的成果使这片古老的神州大地时时刻刻都洋溢着勃勃生机。新的千年把我们引入了新的时代——创业时代。知识经济与世界贸易组织将创业的边界无限地扩展，国土疆域已不再是创业的制约。世界正朝着对强者、智者有利的方向迈进。一批批企业由于不适应新的创业环境而倒下，一个个抓住机遇的新企业应运而生。创业时代呼唤着创业者的加入与奋进，一种新的生存方式与生活方式正在不知不觉地渗透进每个人的日常生活之中。

创业，充满着诱惑与魅力，伴随着财富与风险。它是青年人实现梦想的路径、展现自我的舞台、追求价值的载体，也是国家经济增长的新生动力、综合国力提升的力量储备。在信息高度发达的今天，无论是发达国家还是发展中国家，都已将创业视为促进其经济增长的因素。创业正在成为一种无可替代的经济活动。

1.　时代的发展需要创业

根据麦可思研究院发布的《2015年中国大学生就业报告》数据来看，2014届大学毕业生自主创业的比例为2.9%，比2013届（2.3%）高0.6%，比2012届（2.0%）高0.9%。其中，应届本科毕业生的创业比例为2.0%，比2013届（1.2%）高了0.8%；高职高专毕业生的创业比例为3.8%，比2013届（3.3%）高了0.5%。从这三届学生自主创业的趋势中可以看出，大学毕业生自主创业的比例呈现持续的上升趋势。

从区域来看，2014届本科毕业生自主创业比例最高的就业经济区域为泛长江三角洲区域经济体（2.5%），2014届高职高专毕业生自主创业比例最高的就业经济区域为泛长江三角洲区域经济体和中原区域经济体（均为4.6%）。从行业来看，2014届本科毕业生自主创业集中的前两位行业类是教育业（13.0%）、零售商业（11.1%），高职高专毕业生自主创业集中的前两位行业类是零售商业（14.2%）和建筑业（8.2%）。从原因来看，就业困难不是创业最主要的原因，大学毕业生创业的主要动机是"理想就是成为创业者""有好的创业项目"，其中属于机会型创业的毕业生占创业总体的85%。此外，在国家对大学生创新创业政策的支持下，高校对大学生创新能力的培养成果开始显现。2014届大学毕业生毕业时的创新能力掌握水平（54%）比2013届（53%）、2012届（50%）略有提升。

当今世界的主题是和平与发展，世界各国都在憧憬着美好的未来，各国人民都希望拥有更加幸福的生活，而30年来已经取得较大经济发展的中国人民更加期望、更有信心在新时代取得更为辉煌的成就，实现中华民族的伟大复兴，真正实现强国之梦。国与国之间的竞争是以经济和科技为基础的综合国力的较量，一个国家的强大固然有多方面的因素，但归根结底是一国经济实力的强大。在21世纪中国的强大需要经济上的强大，也需要中国企业的发展壮大。在经济领域，美国的微软公司、英特尔公司、IBM公司，日本的索尼公司、松下公司誉满全球。中国人也应当具有如此的胆略和勇气，创造出自己的一批誉满全球的世界级大公司，而在这其中需要有许许多多成功创业的推动者以及许许多多的仁人志士贡献自己的力量。

故事分享：苏宁电器公司的创办过程

1984 年，张近东走出南京师范大学的校门，成为南京鼓楼一家区属企业中的一员。20 世纪 80 年代末至 90 年代初，中国出现一股"下海"潮流。年轻的张近东也在跃跃欲试。当时最热门也最赚钱的商品是家用电器，彩电、冰箱、洗衣机等供不应求。但张近东却没凑这个热闹，在冷静思考了几天后，他做出了令周围许多人惊讶的选择，专营那时还属于"奢侈品"的空调。1990 年 12 月，27 岁的张近东，凭着"初生牛犊不怕虎"的劲头辞去了固定工作，在远离闹市的南京宁海路上租下一个面积不足 200 平方米的小门面，成立了一家专营空调批发的小公司，开始了个人和苏宁电器公司的创业历程。富有前瞻性的这一步奠定了张近东事业的基础，当时正处于空调销售的暴利时代，张近东第一年就做到了 6000 万元的销售额，净利润达到了 1000 万元，此时的张近东年仅 28 岁。谁也不会想到，十几年后，从这家当初并不起眼的"小门面"里竟驶出一艘在中国屈指可数的家电连锁业"航母"——苏宁电器公司，而张近东凭此成为"中国连锁风云人物"。

张近东说："创业，其实就是想做事，想做实事，但不一定是什么惊天动地的事，而是把自己的事做好，一点一滴地累积，到一定程度就是大事了。"

创业，其实就是想做事，然后把这件事做得由小变大、由弱变强。

2. 中国的几次创业热潮

1）第一次创业热潮

1978 年前后，农村改革解放了农村的劳动力，释放了农村中一部分有创业热情和能力的农民的能量。乡镇企业开始出现，家庭企业迅速发展；同时，回乡知识青年、一些不能就业的市民、部分退伍军人和公务员为了生存，抓住短缺经济时期的商机，创办了小企业、小商店。

横店集团的徐文荣、裁缝出身的改革家步鑫生、希望集团的刘氏四兄弟、傻子瓜子的创始人年广久、木匠出身的亿万富翁张果喜等，都是这一阶段涌现的创业家。

2）第二次创业热潮

1988 年 4 月，全国人大通过的宪法修正案增加了"国家允许私营经济在法律规定的范围内存在和发展"的内容，掀起了我国第二次创业热潮。一批有文凭、有稳定工作的人走上自我创业之路，"下海"一词成为当时的热点，就连大学校园也未逃脱这次巨大的冲击波，许多学生课下就成为"小摊主""小经理"。校园里的经商热也成为各类媒体的聚焦对象。

"打工皇帝"段永平就是在此时只身闯荡广州，虽然他有中国人民大学经济学研究生的学历，本可以获得一份稳定的工作，但他选择了一条艰辛的创业之路。不过"小霸王""步步高"电子产品风靡全国的事实证明了他的抉择是正确的，他是这次创业热潮中的成功典范。被评为"亚洲最佳商人"的柳传志、新时代"革命家"的宋朝弟、WPS 之父的求伯君及声名显赫的史玉柱、姜伟、吴炳新、王遂舟等人都是这一时期开始创业的，他们是时代的创业英雄。

3）第三次创业热潮

1992 年，中国改革开放的总设计师邓小平在南方视察，针对人们对资本主义和社会主义的疑惑明确指出，计划多一点还是市场多一点不是社会主义与资本主义的本质区别，计划经济不等于社会主义，市场经济也不等于资本主义，计划和市场都是经济手段，判断资

本主义和社会主义的标准，是"三个有利于"。这些精辟的论述，使热衷于创业的仁人志士如沐春风，同时掀起了我国的第三次创业热潮。

1992年朱保国在深圳创立太太药业，生产出中国第一个女性保健品太太口服液。经过多年的市场开拓，太太药业已成功上市，董事长朱保国成了上市公司的个人首富，身价达54亿元之巨。

4）第四次创业热潮

2000年1月1日《中华人民共和国个人独资企业法》开始实施，为中国民营企业亮起了一盏明灯。注册资本限制条件的取消，创业资金门槛的降低，使创业企业不再是有钱人的"专利"，进而开创了一个人人都能创业的新时代。随着市场经济改革的深入和完善以及产业的结构调整，中国人的创业活动也在动态的创业过程中得到发展、升华。

宽松的政策加上新经济带来的机遇，造就了张朝阳、丁磊、王志东、陈天桥等一大批创业英雄，这些人原来几乎是身无分文的大学生、留学生，凭靠技术优势和资本市场的力量，他们迅速成长为新一代的创业英雄，成为年轻创业者的偶像。

故事分享：从小木匠到董事长

杨发根是江西丰城人，少年时学木工，18岁闯武汉，从开始时的小木匠，一直做到如今的武汉金鑫集团有限公司董事长。

江西丰城素称"手艺之乡"，杨发根受环境熏陶，从小就在家乡学木工。做木工本不容易，但杨发根发现自己有这方面的天分，一般人要学三年才出师，他一年多就能独立制作高难度的长凳、木桶了。那时候他有些心高气傲，认为自己很了不起，不懂得尊重别人。一次，他给人家制作柜子，他突发奇想，要把柜脚做成圆的，显得好看一些。东家却不同意他这么做，但他执意按自己的意思去做。结果把柜脚做成圆的不但浪费了很多时间，东家还扣了他的工钱，不仅吃力不讨好，还落了个"不听话"的名声。

在改革开放初期，杨发根离开家乡，靠给武汉汉口简易路一带居民打日用家具为生。几经磨炼，杨发根的手艺日益精湛，再加上踏实肯干，杨发根在古田一带打出了名气。后来，老家陆陆续续来了一些木匠，跟着他一起干，他还被大家推举当头儿。1985年，他的团队发展到十几人，杨发根也存下了几万元的积蓄，于是他们挂靠到杨园街道办事处经管办，成立了杨园街家具厂，靠承揽零散生意为主。1988年，当时的武汉只有武胜路武汉家具配套销售中心和中南商业大楼有专门的家具展位，这些商家的门槛很高，但商场的客流量巨大，这像磁石一样吸引着杨发根。他把家具拖到商场门口进行展销，当天就吸引了几百人参观，火爆的生意也吸引了商场负责人。几经周折之后，杨园街家具厂的产品终于摆进了大商场，令同行羡慕不已。1990年，他在武汉洪山区和平乡余家头江边觅得12亩地，投入20万元改造里面的旧厂房，同时新建了三栋厂房，从此有了第一块稳固的根据地。5年之后，他把杨园街家具厂改造为金鑫家具公司。为了打造品牌，为企业搭建发展平台，杨发根最大的手笔是于2002年扩建金鑫家具城，他吸取了以往小打小闹不成气候的教训，下决心一次性投资2000多万元，整体规划建设金鑫精品家私城，使其营业面积由1万平方米增加到4万平方米，入驻商户100多家。杨发根的商场给企业提供了这样的地盘，大大提升了家具城的档次和人气。但杨发根并不满足现状，他说金鑫家具公司下一阶段的目标是卖场和工厂同步发展。他不断打拼与规划，使公司最后发展为集团公司。

5）第五次创业热潮

李克强总理在 2014 年 9 月提出"大众创业""草根创业"的号召，并于 2015 年在政府工作报告中又提出"大众创业，万众创新"这一概念。 2015 年 7 月 4 日，国务院印发《国务院关于积极推进"互联网+"行动的指导意见》，吸引以 80 后和 90 后为主的青年群体依托互联网这个工具，在零售、电子商务等领域掀起新的创业浪潮。

2014 年，中国网民数量达 6.49 亿人，网站 400 多万个，电子商务交易额超过 13 万亿元人民币。全球网络企业的前 10 强排名中，有 4 家企业在中国，互联网经济成为了中国经济的最大增长点。

2014 年 B2B 电子商务业务收入规模达 192.2 亿元人民币，相比 2013 年增长 28.34%；交易规模达 9.4 万亿元人民币，相比 2013 年增长 15.37%。同时，B2B 电子商务业务也正在逐步转型升级，主要的平台仍以提供广告、品牌推广、询盘等信息服务为主。阿里巴巴、慧聪网、华强电子网等多家 B2B 平台开展了针对企业的"团购""促销"等活动，以培育企业的在线交易和支付习惯。

截至 2014 年，中国跨境电子商务试点进出口额已突破 30 亿元。一大批跨境电子商务平台走向成熟。外贸 B2C 网站兰亭集势在 2014 年的前三季度服装品类的净营业收入达到3700 万美元，相比 2013 年增长 103.9%；订单数及客户数相比 2013 年增速均超过 50%。

2015 年 5 月 18 日，2015 中国化妆品零售大会在上海召开，600 位化妆品连锁店主、百余位化妆品代理商、数十位国内外主流品牌代表与会。面对实体零售渠道变革，会议提出了"零售业+互联网"的概念，建议以产业链最终环节零售为切入点，结合国家战略发展思维，发扬"互联网+"的时代精神，回归渠道本质，以变革来推进整个产业的提升。

3. 创业的政策与法规

市场经济指完全通过市场来配置社会资源的经济形式。创业离不开法律政策的引导、保障和规范。创业者如能了解一些常用的法律及政策，以政策法规来规范其投资、经营和管理行为，将会大有裨益；反之，则可能会走很多弯路，或者权益得不到保障，或者纠纷不断，或者受到行政处罚甚至被追究刑事责任等。

与创业相关的法律与法规大体可以分为以下三类。

1）涉及主体身份、调整平等主体之间关系的法律

创业者应该了解：《中华人民共和国民法通则》《中华人民共和国公司法》《中华人民共和国合伙企业法》《中华人民共和国个人独资企业法》《中华人民共和国中小企业促进法》以及《中华人民共和国公司登记管理条例》《中华人民共和国企业法人登记管理条例》等，这些法律规定了创业者参与经济生活的各种不同的主体身份，以及各自的权利、义务。

2）涉及企业运营和对企业运行进行规范、管理的法律

创业者应该了解：《中华人民共和国票据法》《中华人民共和国消费者权益保护法》《中华人民共和国合同法》《中华人民共和国劳动法》《中华人民共和国就业促进法》《中华人民共和国担保法》《中华人民共和国著作权法》《中华人民共和国商标法》《中华人民共和国专利法》《中华人民共和国劳动合同法》等。其中有关劳动、合同、担保、劳动合同以及知识产权内容方面的法律是尤其重要的。

3）涉及企业税收的法律

创业者应该了解：流转税法（《中华人民共和国增值税暂行条例》《中华人民共和国营业税暂行条例》和《中华人民共和国消费税暂行条例》）和所得税法（《中华人民共和国个人所得税法》和《中华人民共和国企业所得税法》）。

2.3.3 就业与创业的关系

就业是相对安全的，创业是有风险的；就业是被动的，创业是主动的；就业是劳动力与具体化的单位之间建立的关系，创业是去开创某种事业。

1. 就业是创业的基础

就业是劳动者与生产资料相结合，从事一定的社会劳动并取得劳动报酬或经济收入的活动。告别校园走向社会，每个人都希望踏出一条灿烂的人生之路。但面对现实，大学毕业生往往心怀美好憧憬，遥望远大理想，却又不知从何做起，面对理想与现实间的巨大差距，应该如何解决好这一矛盾呢？

学校到社会之间存在着较大的落差和转折，大学毕业生要对此有足够的认识和充分的准备。此时大学毕业生最佳的选择是先解决就业，到单位接受锻炼、学习，适应角色转换，不断积累经验、完善自我，为今后的发展积累资本、打好基础。

2. 创业是就业的延伸和发展

学校要帮助学生培养创业意识和创业能力。通过教育部门的努力，培养出越来越多的不同行业的创业者，就可以为社会创造更多的就业机会，对维护社会稳定和繁荣各项社会事业发挥更大的作用。

进入21世纪以来，科学技术日新月异，生产高度社会化、科学化，人类已进入了一个知识经济的全新时代。随着高新技术的广泛应用，社会需要越来越多灵活运作的创新企业和产品，因此独立创业对未来劳动力市场的重要性越来越大。自主创业不仅能解决自己的就业问题，还能为社会创造更多的就业岗位，同时也创造了自我价值，实现了自我发展。在自主创业已然成为一种风潮的同时，青年学子以其敏捷的思维、蓬勃的朝气、不畏挫折的勇气，定会成为自主创业的中坚力量。

就业不是人生的最终目标。随着我国经济体制改革的不断深入，在产业结构的调整过程中，不可避免地会率先淘汰低素质劳动力，同时也会出现原来公有制经济吸收的大量劳动力逐步向社会排放、农村劳动力进入城镇工作等现象。这些趋势的发展，都将进一步增加就业压力，就业岗位的竞争将表现得更加激烈。如果安于现状、不思变化、不谋发展、不开拓进取、不寻求更大的发展空间，则将会面临被社会淘汰的危险。而提前做好准备，主动迎接社会的发展变化，进行职业规划，才是最好的选择。

孵化企业的SYB（Start Your Business）——创办你的企业，是来自美国百森商学院的创业培训课程，其基本内容包括四个方面：一是申报经济组织的程序；二是与企业相关的政策法规；三是开办企业需要具备的条件；四是认识企业家的特征。

知识分享：创业的七大必备条件

（1）资源（Resources）：包括人力资源和财物资源，创业者要具备充分的经验、学识、流动资金、时间、毅力和精神。

（2）概念（Ideas）：概念不怕旧，最重要的是可行性。

（3）基本技能（Skills）：基本技能指的不是行业中的一般技能，而是通常性的企业管理技能。

（4）行业知识（Knowledge）：不能只陶醉于自己的理想，实现梦想需要充足的知识储备。

（5）才智（Intelligence）：不一定要有多高的智商，但一定要善于把握时机做出决定。

（6）人际关系网络（Network）：为了获得更多人才，应不断扩大人际关系网络的范围。

（7）目标（Goal）：只有确定目标，才有努力拼搏的方向。

将七大条件的首字母相连能组成 RISKING（冒险）一词。

2.3.4　大学毕业生应处理好哪些关系

1. 独立性与依赖性的关系

刚刚走向社会的大学毕业生自尊心比较强，希望能够尽快独立，但由于实践经验较少，面临错综复杂的问题时，往往会感到力不从心，从而产生依赖心理。这种独立意识与依赖心理所构成的矛盾，可以通过毕业实习将自己所学的专业知识、所掌握的专业技能与实践紧密地结合起来，并检验自己在校的专业知识是否适用、是否够用，所掌握的专业技能是否能够满足工作岗位的需要。同时，毕业实习也是一个学习社会知识的大课堂和学习人际沟通与交往的机会，大学毕业生应培养自己人格的独立性，减少依赖性，处理好各种关系，使心理从幼稚走向成熟。在进入社会后，则更要提高独立工作、独立思考、独立解决问题的能力，以尽快适应工作环境。

2. 实际角色行为与理想角色行为的关系

每个人在社会关系和社会组织中都处于某个特定的位置，并要按照这个位置所规定的职责办事，这就是人的社会角色。每个人都有一定的社会责任，要以恰当的角色行为待人处世，尽善尽美地完成角色所担负的任务，就是所谓的理想角色行为。但由于个人对角色行为的认识、理解及社会期望受到多种因素的制约，如个人能力、环境条件等，所以其实际行动并不一定能符合理想的角色行为。实际角色行为与理想角色行为的差距越小，人的心理就越稳定，也就越容易获得社会的认同，否则就容易出现角色冲突。

华中科技大学在缩小学生理想角色行为和实际角色行为的差距、探索学生创业新模式时，率先采用了校团委当"老板"、大学生做"经理"的模式，对学生进行"岗前"培训，使学生通过这种预演模式从心理上缩小了理想与现实之间的差距。

3. 主观愿望与客观实际的关系

青年学生往往对现实的估计和对自我的设计过于理想化，对就业抱有过高的期望值，而步入社会后很容易出现个人主观愿望与现实状况发生冲突的情况。因此，充分了解社会，正视现实，降低期望值是解决这一问题的关键。

4. 原有文化知识与客观要求矛盾的关系

学生在校期间,通过几年间的理论学习和技能训练,掌握了一定的文化知识和工作技能,但还远远不能满足实际工作的需求,仍然有诸多未知的知识和技能需要在工作中继续获取,需要不断地完善知识体系结构,建立终身学习的理念,不断地提升知识水平和工作能力。

思考与练习题 2

1. 了解本专业在全国、全省职业教育体系中的地位和现状。
2. 思考创新是否是创业的必要条件。
3. 了解本校的创业教育开展情况,并试着分析其经验与不足。
4. 试着在最新的创业热潮中寻找好的创业机会。
5. 思考"营改增"对企业有什么影响?

第3章

创业者素质的培养

"素质"一词的定义为：（1）心理学上指人的神经系统和感觉器官上的先天的特点；（2）事物本来的性质；（3）完成某种活动所必需的基本条件。

我们认为创业者如果希望创业成功也必须具备相应的素质：道德素质、文化素质、心理素质以及能力素质等。

3.1 道德素质的培养

创业者的专业理想和生活理想必须遵循政治和道德的规范，没有基本道德的专业理想和生活理想是社会不能容许的。国家对违反社会道德、侵犯消费者权益的违法违规行为不断进行查处和治理，中央电视台 2016 年 3·15 晚会公布的数据如下：

2015 年食品药品监管总局加大监管执法力度，全年安排食品抽样 57.8 万批次，集中开展了保健酒生产违法添加、中药材、中药饮品等重点产品的飞行检查、专项检验和集中整治。各级食品药品监管部门共查处食品药品案件 35 万余起，吊销许可证 331 件，捣毁制假售假窝点 963 个，移送司法机关处理案件 3381 起。

2015 年，国家质量检验检疫机构重点加强对安全、卫生、环保等影响消费者健康安全项目的检验监管力度，对不合格消费品依法实施退运或销毁。其中，全国各口岸检出质量安全不合格服装 1839 批，总计 113.29 万件，货值 6567.1 万元。

2015 年工商总局在全国范围内部署开展查处典型违法广告集中行动，全国工商、市场监管部门共查处虚假违法广告 2.4 万件，罚没款约 2.87 亿元。各级工商系统全年共受理消费者诉求 777.8 万件，为消费者挽回经济损失 18.6 亿元。

2015 年，农业部门积极开展农资打假春耕行动、夏季百日行动等系列活动，严厉查处假劣农资坑农害农行为。共办理行政处罚案件 5799 件，吊销证照 144 家，移送公安机关假劣农资案件 97 起。在 1027 个重点县开展高毒农药定点经营试点。

2015 年国家发展和改革委员会建立信用信息共享平台，将公安、法院、工商等多部门信息共享，并实现对失信人实施联合惩戒。

2015 年，国家发改委 12358 价格监管平台受理价格举报、投诉、信访咨询共计 662475 件，查处价格违法案件 3.42 万件，实施经济制裁 104.77 亿元。

创业者要想赢得他人的认可，必须具备合格的道德素质。具体讲就是应具备正确的人生观、价值观和世界观以及良好的职业道德。

3.1.1 人生观

人生观是关于人生目的、态度、价值和理想的根本观点。它主要回答什么是人生、人生的意义是什么、怎样实现人生的价值等问题。人生观的具体表现为苦乐观、荣辱观、生死观等。作为创业者，如果三观不正，很难将行业看得透，很难每一步都踩得准，自然很难在激烈的竞争中取得成功。因此，在人生观方面，我们应该努力做到以下几点。

1. 摒弃享乐主义人生观

欧阳修说："忧劳可以兴国，逸豫可以亡身。"中国还有句古话："业精于勤荒于嬉"。创业初期，在设备、资金、场地、制度的规范健全等方面难免出现"先天不足"的情况。

如果此时创业者没有吃苦耐劳的精神，反而在人生追求上推崇享乐主义，追求感官上的快乐，对物质生活享受的追求不加以节制，如何能成就自己，成就事业呢？

创业要成功，首先就得告别享乐主义！脚踏实地用自己的行动去赢得自我。

2. 培养幸福主义人生观

创业的根本动机之一在于对个人价值实现的追求，对幸福生活的向往。创业者创业，在强调个人幸福的同时，也要强调他人幸福和社会公共幸福。我们应有范仲淹"先天下之忧而忧，后天下之乐而乐"的精神境界，并把追求绝大多数人的幸福作为自己的最高精神追求。

3. 培养乐观主义人生观

不少创业者在回忆创业过程时总会情不自禁地留下激动的泪水，那是因为创业初期有太多的辛酸只有创业者本人可以体会。面对这些辛酸，创业者要以积极的心态来面对，并且始终对创业行业的发展前途满怀希望，对创业过程和人生抱着积极乐观的态度，把自己的人生目标定位于追求创业带来的文明和进步。

图 3-1　《黑暗与光明》

在如图 3-1 所示的《黑暗与光明》图画中，悲观者看到的是虽然有部分阳光、但大部分却是阴影，而乐观者看到的是虽然大部分有阴影、但阳光还是透过来了。

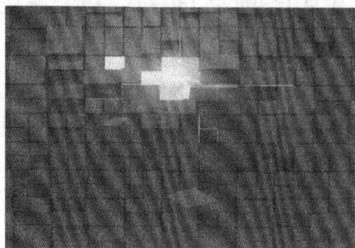

3.1.2　价值观

春秋时期，晋平公问大夫祁黄羊谁担任南阳县令合适，祁黄羊推荐解狐，晋平公问他为什么推荐仇人，他说任人唯贤，果然解狐不负众望；朝廷缺一个军中尉，祁黄羊推荐儿子祁午，祁午也干得相当出色。孔子说祁黄羊推荐人才真是大公无私。创业者在创业中也应该有这种集体主义的价值观，团结队友，团结员工。

价值观是一种内心尺度，它支配着人的行为、态度、信念等，支配着人认识世界、明白事物对自己的意义和自我了解、自我定向、自我设计等，也为人们自认为正当的行为提供充足的理由。

作为创业者应该培养集体主义的价值观：

（1）在个人利益和集体利益发生矛盾时，个人要顾全大局，以集体利益为重，为集体利益放弃个人利益。在国家和集体的财产、安全受到侵害时能主动站出来，并且不怕牺牲个人利益。

（2）在不损害集体利益的情况下，为了个人利益的提升要不断地提高自身素质。

（3）在个人素质提升的过程中，带动集体中他人素质的提高，为集体利益的提高创造条件。

3.1.3　世界观

世界观是人们对整个世界以及人与世界关系的总的看法和根本观点。它是在社会实践的基础上产生和逐渐形成的。创业者对于世界的本质、物质的固有属性及其关系应该有自

己的看法。辩证唯物主义是科学的世界观，作为创业者应该持有这样的世界观。

1. 承认世界的本质是物质，物质第一性、意识第二性

如果创业者在创业过程中，看不到世界的本质是物质，误以为是意识在主宰世界，就会出现把想法当作事实的情况。比如主观上以为自己富有，那实际上自己是不是真的富有呢？要根据自己的真实情况，脚踏实地地开展创业构想。

故事分享：封建迷信使官员思想腐败堕落

2014 年 10 至 11 月，长期关注官员迷信现象的程萍重新做了一次针对官员科学素养问题的调查研究，调查的样本是 300 名厅处级官员。这个题为《"十三五"领导干部和公务员科学素质发展规划研究》的调研报告显示，76.53%的领导干部和公务员不相信迷信现象，23.47%的领导干部和公务员程度不同地存在一些模糊认识或迷信行为。"我国领导干部和公务员自称相信'相面'的人数比例为第一，占 12.63%；相信'求签'的人数比例为第二，占 7.58%；相信'星座预测'的人数比例为第三，占 6.14%；相信'周公解梦'的人数比例为第四，占 5.05%；相信'电脑算命'的为第五，占 1.80%。"

2013 年 7 月 8 日，原铁道部部长、党组书记刘志军受贿、滥用职权案一审宣判，刘志军被判处死刑，缓期二年执行。根据检方的起诉书，刘志军长期在家烧香拜佛，还在办公室里布置了"靠山石"。在一些项目的开工、竣工时，刘志军都会请"大师"来选择黄道吉日。

2014 年 4 月 29 日，原四川省委副书记李春城被"双开"。在中纪委的通报中，就有"滥用职权进行封建迷信活动，造成国家财政资金巨额损失"的表述。

2014 年 5 月被纪委立案调查的广东河源市原科技局局长黄狮胤迷信风水，分别在河源市连平县陂头镇、惠州市博罗县大坝镇建造风水屋以及在河源市区长鸿花园的居所专门设一间风水室，以求官运亨通。

2015 年 11 月落马的宁夏回族自治区政府原党组成员、副主席白雪山在主政吴中市期间担心影响风水，在吴中市政府大楼及其配套工程的建设中，经常检查工地、改动图纸。其中，广场的喷泉至少改建过 3 次。每次喷泉刚刚建成时他都说很好，而后没过几天，他就要求拆了重建。

从以上故事看出，必须建立积极正确的科学世界观才能让自己的事业顺利发展壮大。

2. 用普遍联系及发展的观点看待万事万物

在创业过程中，创业者要既能看到事物对立的一面又能看到它们统一的一面，比如"公司创业之初的利益分配等问题"，同时利用矛盾分析法指导创业，理解创业的成功与一些特定因素之间的联系，理解事物发展中量变与质变的辩证关系。

故事分享：养殖户辩证看待市场变化获丰厚利润

2006 年年初，受禽流感影响，北京市场的禽类产品滞销，可是北京郊区有这样一位肉鸽养殖户，偏偏反其道而行之，人家都怕卖不出去，他非要从别人那儿买回来，这个人叫季新城。因为有了之前"非典"时积累的经验，他把收上来的鸽子立刻屠宰，储存冷藏好，本厂冷库满了就租用外边的冷库，并耐心等待市场的变化。

疫情过后，市场出现了一个消费的高潮。他一天就卖出近千只乳鸽，储存的那些肉鸽

派上了用场，他的种鸽也要下蛋了。一个月后，就孵出了 10000 只小乳鸽。季新城说："生意最好的时候，我们年销售额达到 700 多万元，利润达到 100 多万元。"

创业者在创业过程中也必须学会用发展的眼光来看问题，如果看不到淡季之后的热销趋势，季新城恐怕也难以获得如此丰厚的利润。

3. 世界是可以认识的，意识具有能动性

意识的能动性的具体表现是意识可以指导我们更好地认识世界，所以在创业过程中，创业者要有意识地提高自己认识世界、处理事件的能力，指导自己有效创业。

创业者应该铭记：辩证唯物主义和历史唯物主义是科学的世界观，应当充分利用辩证唯物主义和历史唯物主义来指导自己的创业过程。

3.1.4 创业与职业道德

职业道德是指在一定的职业活动中应该遵循的具有自身职业特征的道德准则和规范。我国于 2001 年颁布的《公民道德建设实施纲要》将职业道德作为公民道德建设的主要内容，并指出："职业道德是所有从业人员在职业活动中应该遵守的行为准则，涵盖了从业人员与服务对象、职业与员工、职业与职业之间的关系。"随着现代社会的发展，各行各业对从业人员职业观念、职业态度、职业技能、职业纪律和职业作风等方面的要求也越来越高。

作为准备加入创业团体的个人而言，我们更应遵守良好的职业道德。在市场经济形势下，各行各业之间的激烈竞争表现在方方面面，恪守职业道德的创业者无疑将会是拥有强大竞争力的创业者。反之，欺骗他人、失信于人，终将被市场淘汰。

下面列举几种生活中常见的职业，以及从事该职业需要遵守的职业道德。

1. 教育方面的职业

教师教书的同时也在育人，因此在教书育人的过程中，一定要在言行等方面做好表率，注重仪表，维护信誉，真正关心学生的发展，不作虚假承诺，用"真善美"感化学生。教师在治学方面应不弄虚作假，知之为知之，认真从事教学科研工作，培养学生严谨的治学精神。

2. 商业销售方面的职业

从事商业活动时一定要注意文明经商、童叟无欺、价格公道、讲求信誉，不能欺瞒、缺斤少两等。避免出现因产品质量问题或者销售不畅带来的超过保质期产品仍在销售等问题，经营者一定要本着对消费者负责的态度，谨慎处理商品，坚决不让消费者受到任何伤害。这一点尤其需要提醒在校学生注意，在校经商时的销售多是小本销售，如果在小本销售中都不能遵守道德操守的话，很难想象在社会中可以成为为人称颂的守信商人。

3. 技术行业的职业

技术行业的发展较快，日新月异，一定要注意在不断更新技术的过程中，不抄袭、剽窃他人成果，要尊重别人的专利和知识产权。对于已经销售或者签订的服务条约，需要严格按照合同进行有效服务，不拖沓，不推卸。

创业的行业之多不胜枚举，但是职业道德应被创业者牢记于心，并坚决地贯彻在行动中。

3.2 文化素质的学习与积累

创业者文化素质的高低，对创业的成败、生产的发展、社会的进步有着决定性的影响。创业者应主动提高文化素质，从学习各类知识开始，努力搭建合理的知识结构，并在搭建的过程中注重数和量的积累，从而达到质的飞跃。

3.2.1 自学的特点与方法

故事分享：总裁未坚持学习使事业受限

2006 年 4 月 19 日，与吴士宏上任微软中国公司总经理、上任 TCL 集团副总裁等几个标志着自己职业生涯中最辉煌的时间点相比，这一天也许同样值得被纪念。这一天，TCL 集团向外界发布公告，正式宣称 TCL 集团董事吴士宏内部股权转让的过户手续彻底完成，吴士宏带着套现得来的 3000 万元彻底与 TCL 集团这六年来的种种是非画上了一个句号。

可以说以往吴士宏的成功采用的就是笨鸟先飞的办法。然而当达到职场生涯顶峰之时，需要进行系统学习再次提高自身能力的吴士宏却为了一些眼前的利益，放弃了多次"充电"的机会。1997 年 8 月，吴士宏放弃了去美国攻读 MBA 高级研修班的机会，而此时正值全球性网络兴起的大潮，可以说吴士宏错过了最好的学习和发展机会。1999 年，从微软中国公司总经理位置退下时，吴士宏本应该找机会重建知识体系，但自传体图书《逆风飞扬》的畅销神话又让吴士宏迷失了自己。

现在看来，如果当年吴士宏放弃 TCL 的邀请、出国进修、弥补缺陷的话，尽管会错失一些赚钱机会，但在如今中国 IT 投资的大环境下，具备了更高能力的吴士宏必然会凭借微软中国前总经理的身份找到更好的工作。从这个意义上讲，吴士宏不是企业管理者应学习的榜样，因为企业管理者所要做的就是与时俱进。

作为创业者需要学习的知识是繁多的，相比之下，在校学习期间积累的知识只是九牛一毛。要想在创业过程中少走弯路，最好的办法就是不断地学习。

1. 自学需要掌握的特点

1）自觉性

就大学毕业生而言，没有了老师的耳提面命以及需要完成的作业，以后的学习完全是出于实用和工作的方便。在这种情况下，需要创业者能自觉加压，培养学习的自觉性。

2）独立性

在没有老师的指导和同学的讨论时，如何有效地学习某领域的知识？这种情况下就需要创业者独立地思考和完成。

3）实用性

以前的学习可能是出于自己的业余爱好或者是考试需要，而开始创业后的学习，更加注重实用性，因为创业者没有时间也没有理由对一些不需要的知识花费太多的时间和精力。

4）计划性

从实用的角度来讲，创业者的时间紧张，需要学习的内容又极具广泛性，这就要求创业者能合理计划时间，安排好学习的内容和方向。

5）专业性

创业不能漫无目的地进行，带有一定专业背景的创业更是如此，这就意味着创业者需要学习的知识带有一定的专业性。只有对此进行深入研究才能更加了解和适应该专业领域的发展。

2. 自学需要掌握的方法

1）循环学习法

有人说："一切知识不过是记忆"，而学习也是一件熟能生巧的事。所以对于创业者而言，最实用的学习方法就是反复学习。德国心理学家艾宾浩斯的关于学习记忆的研究也表明：循环学习的方法有利于创业者巩固知识，强化记忆。艾宾浩斯遗忘数据表和艾宾浩斯遗忘曲线如表 3-1 和图 3-2 所示。

表 3-1　艾宾浩斯遗忘数据表

时间间隔	记忆量
刚刚记忆完毕	100%
20 分钟之后	58.2%
1 小时之后	44.2%
8～9 个小时后	35.8%
1 天后	33.7%
2 天后	27.8%
6 天后	25.4%
30 天后	21.1%

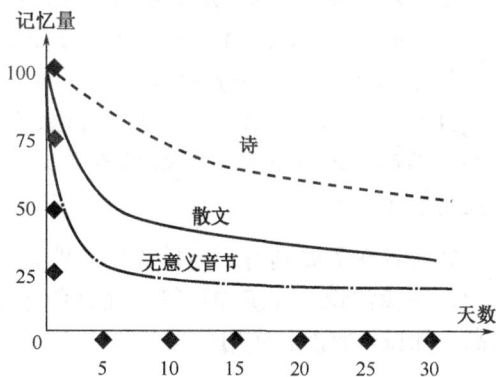

图 3-2　艾宾浩斯遗忘曲线

2）四轮学习方略

四轮学习方略被称为学习方法的革命，由"四轮学习法"和"四轮复习法"组成，并配有多个"四步法"进行有机衔接。具体包括：四步解题法、四步记忆法、四步训练法、四步复习法以及定时、定量、定问题的方法和制订四轮复习时间表的方法。通过四轮学习方略，一方面可以有效制订学习计划，另一方面也有助于有效开展学习活动，最关键的是能有效地进行总结、复习。这种方略对于当代创业者来说是很值得借鉴和学习的。

3）目录式学习法

创业者一般会执迷于具体知识的学习，而不能有效地构建自己的知识框架。其原因在于创业者没有意识到目录式学习法的重要性。目录式学习法就是把一定范围的知识点构建成一定的目录，在目录里可以清楚地看到各部分的知识点。这种学习方法能帮助创业者了解自己的知识结构框架，有利于完善结构、巩固记忆，更有助于提高学习者的主动性和紧迫感。

4）因果互推法

凡事有因有果，而由果及因的推敲问答也是有效的方法之一。尤其是对于创业过程中已经出现的问题，我们需要做的就是分析问题产生的根本原因，并对之进行判断处理。如果在创业初期就能很好地使用因果互推法，将会帮助创业者少走弯路。

3.2.2 文化素质培养的整体目标

1. 具有广博精深的知识储备

读史使人明智，读诗使人聪慧，演算使人精密，哲理使人深刻，伦理学使人有修养，总之，知识能塑造人的性格。——英国哲学家培根

故事分享：不了解客户背景致失去订单

张某是一家外贸公司的员工，因为工作原因，常常会和英国、挪威周边地区的客人有生意上的往来。一次，公司一位叫 Adam 的客户预订公司的花环。公司的花环样式很多，其中一些古灵精怪的小猫头鹰很惹人喜爱，在 Adam 先生参看样品的时候，张某就极力推荐这款产品，把它们作为主打。但后来在与 Adam 联系时，Adam 取消了张某的订单，反而订购了价格比他们高出许多的对手公司的产品。这次的"跑单"对公司的业绩影响很大，在后期检讨中张某才发现，Adam 出生于新加坡，具有东方的思考习惯，视猫头鹰为不祥物，而西方人则反之。如果张某在工作时了解这个背景知识的话，想必公司早就为他开庆功会了。

创业者在需要具有广博精深的专业知识和新知识的储备的同时还要广泛阅读，在社会常识、法律常识、经济知识等方面具备宽厚扎实的基础知识。总之，要求创业者的知识程度高、知识内容新、实用性强。

2. 对某一特定范围内的专业知识具有深刻的认识和见解

当代科技发展迅速，各个行业对创业者提出了更高的要求，需要创业者具备一定的专业知识和技能。只有具备了专精的行业知识和技能才能有可以创业之处，否则就会因为技术简单没有内涵，轻易被别人复制而导致被同行超越或者被行业淘汰。另外，创业往往是一个团队在运作，如果创业者对于所从事的项目没有一定深度的理解，就谈不上在团队中对项目进行专业的指导和把握，这种"外行人"也难以从根本上推进技术发展，更别提促进创业过程的健康发展了。

3. 主动更新知识，主动接触最前沿动态

知识是形成素质的基础，高素质人才必然有扎实的专业基础，这里所说的专业基础是指把自然学科和人文学科融于一体的学科基础知识。就半导体行业而言，它正以遵循甚至超越摩尔定律的速度高速发展着。创业者要想适应行业、社会的发展需求就要不断地向前沿知识靠拢，而创业者不可能去参加所有的知识培训，这就需要创业者具备主动学习以及跟随行业前沿技术知识的能力，培养终身学习的意识。

4．培养创新能力

故事分享：董事长对创业学子的期望

2008 年 3 月 7 日，应中国人民大学的邀请，旭日集团副董事长兼总经理、真维斯国际（香港）有限公司董事长杨勋以多年来在国际服装领域的创业历程为感悟，向人民大学的学子们作了题为"创业与守业"的演讲，在学生之中引起了强烈反响。演讲中他说："每一个时代都有它的特点和机会，年轻人要把握好自己，运用自己的勤奋、头脑和眼光来创造成功与未来。"他希望学子们把个人素质和社会需求相结合，成为能把知识转化为能力的综合型人才。

知识只有在转化为生产力之后才具备实际价值，而知识转化为生产力必须要借助合理的知识结构。从某些创业者的创业实例来看，不少创业者就是结合一定的知识背景进行知识的转化和组合，从而实现创新，完成创业的。这就需要创业者主动培养这种意识和能力。

3.3　心理素质的训练

在网络化时代的今天，存在多种思想文化激荡、新旧价值观念冲突、社会生活和经济生活不协调等矛盾，创业者在创业过程中也会不断遭遇各类问题，往往使创业者产生困惑的情绪。要想使自己坦然面对这些矛盾和问题，就需要较好的心理素质。简言之就是要拥有稳定的情绪和健全的人格。

3.3.1　应避免的几种消极情绪

情绪是人对客观事物是否符合主观需要而产生的心理体验，是伴随特定生理反应与外部表现的一种心理过程。创业者如果情绪激动，往往会导致认知范围狭窄、判断能力下降、思维僵化、动作笨拙，不利于创业过程的开展及问题的解决，应避免以下几种消极情绪。

1）自卑感

自信是力量的源泉，如果创业者在创业前或者创业中有自卑情绪，那么整个人的精神状态和情绪反应将较为低迷与缓慢，这种状态会使个人能力降低、态度变得不坚定。

2）嫉妒心理

适当的嫉妒是一种催化剂，能够促使创业者有效地提高竞争意识，努力投身到创业中。但嫉妒心过重，则可能导致心火难灭，并且影响自己对人和事物的准确判断，这样对创业过程极其不利。

3）虚荣心

虚荣心是对虚荣的渴求心理，常常表现为对自身的外表、学识、作用、财产或成就表现的妄自尊大以及对表扬的强烈渴求。虚荣心对创业者而言意味着不理性的投资和消费，意味着个人诚信体系的岌岌可危，甚至可能导致创业失败。

4）羞怯心理

羞怯心理是不少内向的创业者经常出现的心理问题，在面对本来可以完成的任务时扭扭捏捏，不能勇于承担，不能做到举止大方得体。这会使创业者的形象大打折扣，不利于领导团体、赢得他人认可。

3.3.2 稳定情绪的方法

认知行为治疗理论的三要素"情绪""行为""思维"会相互影响，而不良情绪会导致出现行为的失调和错乱、产生不理性的思维。创业者应该通过以下办法学会稳定自己的情绪。

1）改变环境法

一般情况下，人的大脑受到外界刺激后才会产生各种情绪。创业者在创业过程中情绪压抑的时候，可以到阳光明媚的地方走一走，或是观看喜剧电影娱乐一下，可以暂时放下创业过程中的抑郁，达到消愁解闷、较好地缓解不良情绪的目的。

2）理智消解法

人脑受到刺激后，往往会促使大脑记忆起一些相关的信息，而且这种信息和我们受到的刺激具有类似性，所以我们可以主动地不让自己去想那些让人不悦的事情。当大脑开始出现这些感觉时，主动告知自己尽量将这种感觉进行屏蔽，同时我们要承认不良情绪的存在并分析产生这一情绪的原因，以帮助我们弄清自己所苦恼、忧愁、愤怒的事物，是否确实可恼、可忧、可怒。当确实有相应的理由时，我们就要寻求适当的方法和途径来解决它。

3）自我调节法

当人体接受到刺激后，大脑作出反应，分泌一定的激素，促使人产生相应的行为。现实生活中的哲理或名言能刺激大脑分泌"兴奋激素"，发出"友好"的信号，所以我们可以用哲理或者名言等很好地安慰自己，鼓励自己使情绪好转。另外语言在特定的环境下会有效地作用于个人意识，所以当我们悲伤时，可以通过朗诵滑稽、幽默的故事和诗歌等消除悲伤，用"不生气""安静""忍"等进行自我暗示，来调节自己的情绪。

4）注意力转移法

不良情绪的产生往往与外界不断的刺激及当事人不断地思考这些刺激有关，所以当事人如果能把注意力从创业过程中的消极情绪转换到积极、有意义的事情上来，也会对不良情绪进行缓解。

5）能量发泄法

面对不良情绪时我们可以通过适当的途径进行排遣和发泄。消极情绪如果不能适当地进行疏解和发泄，容易影响身心健康，所以悲伤时可以大哭一场，心烦时找知心朋友倾诉，不满时发发牢骚，愤怒时通过适当的方法出出气，情绪低落时也可以唱唱欢快的歌。

3.3.3 健全人格的塑造

健全人格是心理学尤其是人格心理学的重点研究内容。它从人的心理状态、精神面貌的角度，探讨人对自身、对周围环境的良好适应和有效改造，是心理健康的良好而稳定的

特征和状态。

美国心理学家奥尔波特于 1937 年统计，截至当年已有 50 多种人格定义。美国心理学家马斯洛认为拥有健康健全人格的人应为能够"自我实现"的人，而奥尔波特则认为应为一个"成熟"的人。塑造健全人格一般要注意以下几点。

1. 客观的自我认识和积极的自我态度

客观的自我认识和积极的自我态度中包含三层意思：第一是有自我认识且这种认识是全面、丰富的；第二是不歪曲自己的特性，既不夸大长处也不缩小短处；第三是能够意识到自己在做什么、感受到什么，并知道自己的行为、体验从何而起。

积极的自我态度与自我认识存在联系但不全由后者决定，它指的是一种"尽管认识到自己有长有短、有好有坏，但仍然从总体上认可自己、接纳自己，对自己抱有希望"的态度。

2. 建立适宜的人际关系的能力

创业者应该健全自身人格，应能准确地从别人的言语、行为中，体察别人的思想、感受和愿望，了解别人对自己的看法和态度，对别人的了解也应建立在事实根据上，而非主观臆测。此外，对人的态度特征和人际交往技能应有助于建立适宜的人际关系。

3. 热爱生活和有效解决问题的能力

创业者应该热爱生活，应有投身于工作事业和家庭的热情，应具有与自己年龄相适应的生活能力和发现问题、解决问题的能力。

4. 个性结构的协调性

创业者应该具有统一的人生观和世界观，个性倾向的各部分（需要、兴趣、动机、理想、信念和世界观）之间应该保持一种动态的协调和平衡，而且他的认识、情感和行为之间也应该具有协调性。

创业者必须加强心性修养，提高心理素质，要能正确评价自我，要胸襟开阔、豁达大度、积极乐观；要正确对待挫折，克服期望值过高的心理，培养坚韧不拔的毅力；要克服自卑感，增强自信心，提高心理调节和适应能力，以良好的心理素质去迎接挑战。

3.4　创业能力的训练

创业能力是创业综合素质的表现。一个人的才能与从事活动的关系表现在：如果人的才能与活动要求相符，从事某种活动时就可以得心应手、游刃有余、事半功倍；反之，才疏学浅、能力较差的人，做事时会感到力不从心、事倍功半。

3.4.1　眼尖鼻灵寻机会——发现能力

故事分享：发现能力成就了亚马逊公司

1994 年，30 岁的贝佐斯坐在曼哈顿一栋办公大楼的 39 层，探索尚未成熟的网络的使用情况。他惊讶地发现，网络的使用率以每年高达 2300%的速度在暴增。于是，当时已是美

国信孚银行史上最年轻的副总裁的他选择从父母那里拿了 30 万美元辞职创业，他带着太太一路从美国东岸开车到西岸。

贝佐斯在他的手提电脑上拟订事业计划书，到处募集资金。贝佐斯计划在网络世界里开设一家书店，他把这个书店起名为"网路空间"。这个书店里没有书架，没有库存，也没有让顾客实际光临的店面。就这样，他于 1995 年 7 月成立了象征南美洲宽广无际的河流的亚马逊公司。而在之前，别人都以为这只是个天方夜谭。

1. 发现创业的机遇

1）从政府行为中找到有用的信息

在国家的建设过程中，政府必定会制定相关政策用来鼓励经济发展。创业者要拥有战略性的眼光和无所畏惧的魄力，确定投资方向。在确定投资方向后，创业者需要抓住政策信息，提前做出决策，要透过表象看到事物的本质，发现事物发展的最后态势，并以此来指导自己的各项行动，从而做出正确的决策。

2）从经济发展的热门行业中寻觅机遇

首先创业者需要善于发现冷门中的热门、热门中的偏门。创业者需要以独到的眼光来看待这两扇"门"，并见机行动。其次是发现机遇的"蛛丝马迹"之后需要做的就是思考如何有效地开展行动，把机遇变成自己创业的机会，而不是让它白白溜走或者轻易被别人取代。对于技术含量低和别人跟进快的产品，创业者要学会随时做好退出以及被淘汰的准备，如果想得早、行动早、分析早、处理早，就会成为"很早吃螃蟹的人"。创业者应趁早行动，及时取得第一桶金，并通过运作将机遇优化、效果强化、经济效益明显化。

故事分享：及时发现网络交友的社会需求致创业成功

年仅 23 岁的扎克伯格与微软总裁比尔·盖茨一样，是一名哈佛大学的辍学生。在上哈佛大学的第二年，他侵入了学校的一个数据库，将学生的照片拿来用在自己设计的网站上，供同班同学评估彼此的吸引力。

在发生这次黑客事件后不久，扎克伯格就和两位室友一起用了一星期的时间写网站程序，建立了一个为哈佛同学提供互相联系的网站平台，命名为 Facebook（脸书）。2004 年年底，Facebook 的注册人数已经突破一百万人，扎克伯格干脆从哈佛大学退学，全职运营网站。自 2006 年开始正式对外开放，吸引了大批新用户的加入，从 900 万人激增至现在的数亿人。2007 年在韩国通过网络建立的社会关系已经在数量和频率上超过了传统的人际关系，西方国家也有类似的情况发生。2007 年零点公司的调查数据显示，在中国 42%的市民不知道邻居户主的名字，10%的市民根本就不认识自己的邻居，22%的居民第一次和邻居相识是在电梯、小区里碰到。此现象直接产生的问题使网络交友的需求大大增强，而这一需求也早就被美国年轻的扎克伯格发现。如今 Facebook 已成为美国最火爆的大学生社交网站，并且扩展出了它面向中学的版本和面向社会的版本。英国《每日邮报》2016 年 1 月 28 日报道，根据福布斯富豪榜数据显示，这名"脸书"公司创始人兼首席执行官当年的身家为 479 亿美元，成为入榜的前十大富豪中最年轻的一位，超越了谷歌公司创始人拉里·佩奇。

2. 发现创业过程中的问题

多数创业者在第一次创业时都会出现各种问题，如不懂财务报表、企业管理能力欠缺、心情急躁、做事缺乏轻重缓急之分、忘记"罗马非一日之功"、感性大于理性、缺乏从一而终的思想、缺乏谋定而后动的思想、缺乏对市场规则的了解、想法过于单纯、把团队的概念和群体的概念混淆、认为创业就等于开公司等。

创业者在创业初期常常身兼数职，既是人事主管又是销售主管，同时还是 CEO。在创业过程中，创业者应主动发现公司中如各类计划、市场营销管理、财务管理、文化建设、风险管理等方面存在的各类问题，这样才能使公司获得良好的发展。

创业者可以试着从以下几个方面进行努力：

（1）制订各种计划、规划，每月或者每两个月进行战略调整；

（2）把计划中需要完成的部分按时间用不同的本子记载，对于完成了的做上记号，要相信"好记性不如烂笔头"；

（3）定期进行分类总结，总结是发现问题的最佳方式；

（4）当发现问题后如果能及时处理则及时处理，不能及时处理的一定要把问题记录下来，合理分析各种问题，定出轻重缓急，并有序地加以解决；

（5）结合以往经验，防止在同一个地方跌倒两次。

3.4.2　运筹帷幄勤思考——分析能力

都说商场如战场，创业者应该思考的是如何进行细致的分析，一要分析出各类人员之间的利益关系，二要分析好战场上的不见硝烟的"战斗格局"。

分析能力是对事物本质属性以及事物之间内在联系的深刻揭示能力。创业者掌握这种能力，有助于在纷繁复杂的各种事物中透过现象看本质并抓住主要矛盾，有助于运用创造性思维方法进行科学的归纳、概括、判断和分析，以达到举一反三、触类旁通的效果，并能够找出解决问题的关键所在。这样创业者才能在较多的工作中，分清轻重缓急，理清哪些事需要自己去办、哪些事需要交给下属去办；也能在错综复杂的人际关系中，准确地判断各个层次、各个类别的人员个体和群体的德才情况、思想态度和相互关系，然后分别调动他们的积极性和主动性。分析能力还有助于使创业者遵循事物的发展规律，预测到未来事物的发展变化状况，并据此分析自己所在单位及自己所做工作在整个宏观布局上的位置，以及与时代和社会潮流的关系，从而作出相应的正确决策。

3.4.3　言简意赅巧达意——表达能力

故事分享：骑电动车是想抱着他

有一个人因为生意失败，迫不得已变卖了新购的住宅和他心爱的小跑车，改用电动自行车代步。有一日，他和太太一起，相约了几对私交甚笃的夫妻外出游玩，其中一位朋友的新婚妻子因为不知详情，见到他们夫妇共用一辆电动车来到约定地点，便脱口而出："为什么你们骑电动车来？"众人一时错愕，场面变得很尴尬，但这位妻子不急不缓地回应道："我们骑电动车来，是因为我想抱着他。"大家顿时发出一阵欢笑。

故事分享：随意说散伙，伤人伤己

林小姐是一家广告公司的总经理。年初，公司与电视台签订了合同，承办了电视台半个小时的汽车栏目。为了更好地办好这个栏目，公司引进了一个新的合伙人。新的合伙人非常有能力，但他优点明显、缺点也同样明显。林小姐与新合伙人在工作中会产生一些摩擦，有时会因为一些小事产生争执。一天，因为林小姐修改了他的方案，两个人产生了争执。林小姐随口说出："不行就散伙吧。"合伙人听了后没有再说什么，但从那天起，两个人的矛盾逐渐加深，影响了业务的正常开展，对双方都产生不小的经济损失。

语言表达能力是创业者必备的一项重要能力，也是一种基本功。创业者在工作中主持会议、制定政策、撰写文件、传达工作指令、接待人员来访、参加社交活动、发表演讲和与人交谈，都需要极高的语言表达能力。语言能力能够反映出创业者的思维能力、社交能力以及性格和风度。

创业者的表达能力主要表现在语言的分量、语言的逻辑性和语言的幽默感等几个方面。语言的分量要适当；语言的逻辑性要因果联系紧密，紧扣听众的心弦，否则会显得啰唆、冗长、言之无物、令人乏味；语言要有幽默感，要能带来轻松、愉快的气氛，促进思想感情的交流，使听众更容易接受自己的观点、主张和思想意图，同时也有助于改善个人的形象。

故事分享：老总巧妙提问激励员工

有一次福特汽车公司的总裁唐纳·彼德森在发现公司车型设计的问题后，和设计师杰克·特奈克进行交流，彼德森只是巧妙地问了几个问题："你喜欢目前的设计么？""既然不喜欢，那你为何不改变以往的观点，按照你喜欢的方式去设计呢？"这几个问题被特奈克接受，他被这种激励性的提问所感动。经过研究，他设计出了福特雷鸟、金牛座和黑貂等车型，至今金牛座这款车仍是世界上被公认的几种好车之一。公司也一举在盈利上超过通用汽车公司。

3.4.4 左右逢源善交际——协调能力

协调能力，主要是指妥善处理与各级人员之间的人际关系的能力。工作中创业者需要与各种各样的人打交道，而这些人的身份、地位、交往需求、心理状况和掌管的工作性质是不尽相同的，能否与他们友好相处、互相配合、协调一致，使上下级间相互沟通、同级间相互信任、劲往一处使，直接关系到创业工作的成败。

协调能力可以分解成以下几个要素。

1. 信任

故事分享：商鞅变法的成功来源于百姓信任

春秋战国时，秦国的商鞅在秦孝公的支持下主持变法。当时处于战争频繁、人心惶惶之际，为了树立威信、推进改革，商鞅下令在都城南门外立一根三丈长的木头，并当众许下诺言：谁能把这根木头搬到北门，赏黄金十两。围观的人不相信轻而易举的事能得到如此高的赏赐，结果没人肯出手一试。于是，商鞅将赏金提高到五十两黄金。重赏之下必有勇夫，终于有人站起来将木头扛到了北门。商鞅立即赏了他五十两黄金。商鞅的这一举

动，在百姓心中树立起了威信，而商鞅接下来的变法很快便在秦国推广开了。新法使秦国渐渐强盛，最终统一了中国。

秦国的强大来源于子民对变法的信任与支持，而我们的创业者在创业的时候也需要与员工和客户建立信任。

所谓疑人不用、用人不疑，创业者只有给予员工充分的信任，员工才可能放手大胆尝试，且用心努力做好，否则将会失去归属感。如果老板总是戴着有色眼镜猜疑员工，就没有人会为公司真正地出力干活了。所以说创业者一方面要信任员工，另一方面对于自己的合作者也要充分信任。很多创业团队在最初阶段，由于团队成员对彼此的行事风格和能力水平不是很熟悉，所以信任和不信任的程度都很低，可以说是一种模糊的心理状态。随着彼此互动的增加，相互之间的了解加深，从前相对模糊的心理状态会逐渐变得清晰，产生明确的信任或不信任感。因此在一段时间之后，要么相互之间形成深厚的友谊和感情，要么产生矛盾和隔阂，这些都是很自然的现象。另外，创业者要努力与客户构建彼此间的信任关系。客户的信任是企业价值和品牌价值的重要组成部分。客户通过企业长期的表现对企业产生了信任感，自然就会对公司产生品牌忠诚。即便有多家供应商可以选择，客户仍然心甘情愿、一如既往地继续跟同一家公司合作。

2. 尊重

故事分享：鱼圆真的是酸的吗

鲁迅先生认为要教育好孩子，首先就要尊重和理解孩子，"如果不先行理解，一味蛮做，将更大碍于孩子发展。" 曾经有一次先生在家中宴客，儿子海婴同席。在吃鱼圆时，客人均说新鲜可口，唯有海婴说："妈妈，鱼圆是酸的！"以为孩子胡说的妈妈便责备了几句，孩子老大不高兴。鲁迅听后，便尝了尝海婴咬过的那个鱼圆，果然不怎么新鲜，便颇有感慨地说："孩子说不新鲜，我们不加以查看就否定是不对的，看来我们也得尊重孩子啊！"如果这个鱼圆就是我们的商品，我们的员工发现了问题，你也会重视、尊重他的想法吗？

每一个人都希望被别人尊重，尊重是对一个人的品格、行为和能力的肯定和信任。尊重他人也是一个人优良品质的体现，包括尊重他人的人格、言论、举止、习惯等。尊重是相互的，对于创业者而言，尊重体现在对同事、对员工、对团队成员和客户之间的相互尊重。相互尊重也是疏通、协调各种人际关系中最重要的一环，只有相互尊重，才能打消对方的疑虑，博得对方的信任。

在创业中无论是和上级、同级还是下级接触，都必须尽力尊重对方，这是取得对方信任、帮助和支持的前提。创业者对团队的尊重表现在支持和肯定员工的工作，对员工的意见和建议要认真听取、采纳，对员工所取得的成绩要及时肯定，尊重员工的劳动。

3. 沟通

故事分享：我要去拿燃料，我还要回来

美国知名主持人林克莱特有一天访问一名小朋友，问他说："你长大后想干什么呀？"小朋友天真地回答："我要当飞机驾驶员！"林克莱特接着问："如果有一天，你的飞机飞到太平洋上空时，所有引擎都熄火了，你会怎么办？"小朋友想了想："我会先告诉坐在飞机上的人绑好安全带，然后我挂上降落伞跳出去。"当现场的观众笑得前仰后合时，林克莱特

继续注视这孩子，但没想到，孩子的两行热泪夺眶而出，这使林克莱特感到好奇，便接着问他："为什么要这么做？"小朋友的答案透露出一个孩子才有的真挚想法："我要去拿燃料，我还要回来!"这时，他才发觉这孩子的悲悯之情远非笔墨所能形容。

创业者听别人说话时，要听懂对方深层的意思，同时，也要学会和别人沟通和交流。

人有思想，有感情，有性格，世上找不到两个完全相同的人；人是变化的，人会随年龄、环境、身份、经历等诸多因素而发生改变。所以对于创业者而言，要想把工作做好，最重要的是把人的工作做好。没有单枪匹马独自打下天下的英雄，即便是电影中的角色"大侠佐罗"和"007"，哪一次不是靠着他人在关键时刻的鼎力相助而取得胜利和成功的呢？做好与人相关的工作就要从学会沟通交流开始。

沟通，是应该尽可能周详地了解事情的全面情况，了解他人的心理特征等各类信息，并在工作中扬其所长、避其所短。若在工作中存在沟通障碍往往会造成工作多次返工、事倍功半，严重时会酿成不可挽回的经济损失。

4. 给予

故事分享：一壶水换来一泉水

从前有个人在沙漠中迷失了方向，饥渴难忍，濒临死亡。可他仍然拖着沉重的脚步，一步一步地向前走。终于，他找到了一间废弃的小屋，这间屋子已久无人住、风吹日晒、摇摇欲坠。在屋前，他发现了一个吸水器，于是便用力抽水，可滴水全无。正当他气恼时，忽又发现旁边有一个水壶，壶口被木塞塞住，壶上有一张纸条，上面写着："你要先把这壶水灌到吸水器中，然后才能打水，但是，在你走之前一定要把水壶装满。"他小心翼翼地打开木塞，里面果然装满了水。这个人面临着艰难的抉择，是不是该按纸条上所说的，把这壶水倒进吸水器里？如果倒进去之后吸水器不出水，岂不白白浪费了这救命之水？相反，要是把这壶水喝下去就会保住自己的生命，但是一壶水是否足以让自己走出沙漠呢，他需要更多的水啊！他下定决心，按照纸条上说的去做，果然，吸水器中涌出了泉水。

故事中的主人翁懂得给予，先付出，终得回报。现实中创业也是这样，很多时候我们要先舍得给予，才能有更大的收获。

在工作中，按照对方的工作方式和思路，给予对方希望获得的支持、帮助和信任是很重要的。创业者在创业过程中，希望下级圆满完成自己交办的工作任务；同级之间希望互相建立起一种携手并进的融洽关系，在亲密无间的友好气氛中进行良性竞争。如果不能适当地给予他人帮助、支持和资源，创业就会陷于不利的境地。

5. 落实与反馈

故事分享：爱多 VCD 公司的教训

1997 年 5 月，爱多 VCD 公司发起"阳光行动 A 计划"降价促销后，其产品供不应求。之后，创始人胡志标认为旺季已到，可以通过提价扩大盈利空间。但由于公司缺乏有效的信息反馈体系，胡志标并不清楚其他厂家是否也会跟着提价。结果，由于大部分厂家没有跟进提价，导致爱多 VCD 公司的产品销量迅速下滑。

现在，越来越多的企业领导认识到反馈的重要性。不少企业领导人如富士施乐公司的玛尔卡希、戴克集团的泽策等在新官上任时并没有急于"烧三把火"，而是深入到员工之中

了解情况。企业就像一个人，假如脚上被割了一个大口子，血流如注，而他却得不到任何反馈——既看不见伤口、又感觉不到疼痛、也无人告诉他，那么用不了多久，他就会"病入膏肓"。

创业者在收集反馈信息方面首先要避免反馈制度流于形式，其次要将反馈制度系统化，而不应每个部门各自为政，如人力资源部门只管内部人员的反馈，销售部门只管经销商和顾客的反馈，公关部门只管媒体的反馈等。

3.4.5　随机应变保出路——应变能力

应变能力是一种根据不断发展变化的主客观条件随时调整领导行为的能力，是复杂的现代领导活动对领导者的素质提出的起码要求，也是确保领导活动获得圆满成功的一个先决条件。

生活中存在许多限制，人也有很多固定的思维模式，但不论是正面的或负面的，面对事情我们要有好的应变能力。在创业过程中，我们要积极应变，善于从刻板的逻辑中寻找出"蹊径"。学会正话反说、反话正说，学会换个角度思考问题，灵活应变。

具有应变能力的领导人才，不例行公事，不因循守旧，不墨守成规，能够从"平静"的表面中及时发现新情况、新问题，从中探索新道路，总结新经验。在改革中遇到新事物、新工作时，领导者要倾听各方面的意见，认真分析、勇于开拓，大胆提出新设想、新方案。在面对已取得的成绩时，领导者要做到不满足、不陶醉、不得意忘形，要透过成绩找差距、挖隐患，百尺竿头、更进一步。

人在工作过程中，要根据事物的发展变化审时度势地作出机智果断的应变策略。一个优秀的领导人才非凡的应变能力，往往就表现在对一些复杂的"突发事件"和"非规范问题"的果断处理上。随机应变的能力能使领导者在纷繁复杂的领导活动中，有意识地根据客观环境制定相应的决策方案。值得注意的是，对事物的应变不能抛弃原则，无原则的灵活应变，是圆滑世故、虚伪的表现。一个人的应变能力，是建立在科学判断基础上的原则性和灵活性的高度统一，在确认无法达到预定目标时能果断地"刹车"，及时转移工作重点；明确再坚持一下就会取得胜利时，也能够顶住压力，排除各方面的干扰，不惜一切代价去争取胜利；在已实现预定计划时，能适时地提出新的可能达到的目标，鼓励大伙向新的高度挺进；在发现人和客观环境的情况发生变化时，按照预定决策方案已难以实现原来计划，就需要审时度势、临场做出新的最佳决策，形成新的计划。

3.4.6　真枪实干能吃苦——坚持能力

故事分享：乐安居公司董事长谈创业坚持

乐安居公司的董事长张庆杰，属于 20 世纪 80 年代在深圳白手起家的一代人。30 多年过去了，张庆杰也从当年的农村穷汉子，变成了坐拥亿万身家的阔老板。

张庆杰初来深圳时，手中只有一辆旧单车和卖水果赚来的 700 元钱。张庆杰来深圳的第二天凌晨 5 点，踩了 3 个小时的单车，批发香蕉到人民桥小商品市场卖。一个月下来，他卖水果的收入平均一天只有几元钱，刚够交房租，连糊口都成问题，更不要谈赚钱盖房子了。他也曾想到过放弃，可是为了心中的梦想，他坚持了下来。一个多月后，张庆杰在

口袋里揣上头一天换来的港币，赶到村里向村民收购货品，然后又骑上那辆旧单车到人民桥小商品市场把这批货卖出去，随后又把刚刚赚来的人民币现金换成港币，再到村里向村民收购货品。"那时一天起码要来回跑二三十趟，一部旧单车除了铃铛不响全身都响，每天都是从早忙到晚。经常是别人已经睡觉了，我们才开始做晚饭。1987 年年底，我终于赚到了来深圳的第一桶金——1.6 万元。"张庆杰回忆道，"那时候，一年中有半年的时间都是在车上度过的。去南海进货，跑一趟就要一天一夜，困了就在车上打个盹，车到站后马上进货。虽然来回奔波但利润却不大，因为我的原则是薄利多销，比如一块布料只赚 0.8 元钱，一块手表只赚 5 元钱，但不要小看这几块钱，我的钱就是这样一分分地积累起来的。"

细细品读上面的故事，不难发现，创业者在创业之初都会经历一番磨难，张庆杰当初面临资金问题，面临交通工具问题，但他自己勤奋坚持、吃苦耐劳，最终才能创业成功。

在确定创业项目后，创业者就是创业团队的核心、主要力量。创业者是否肯吃苦、肯坚持，创业者的事业心、责任感如何，都直接关系到创业团队的稳定和统一，关系到团队的战斗力，关系到创业能否成功。肯吃苦、肯坚持、有事业心、有责任感是一种精神状态、工作姿态、思想境界，也是创业意识的具体体现。创业者只有不忘重托，牢记责任，把精力和情感倾注在创业事业上，才能做到尽心尽力、尽职尽责，才能做到聚精会神抓落实、一心一意谋发展。一个人的能力有强弱，但有了吃苦耐劳的精神和持之以恒的毅力以及强烈的事业心、责任感，能力强的人可以把工作做得更好，能力相对弱的人也可以在实践中不断提高，把工作越做越好。可以说对创业者而言，吃苦耐劳的精神、坚强的毅力、较强的事业心和责任感是做好创业工作的前提和基础。

3.5　创业素质的培养过程

3.5.1　全面客观地定位和剖析自己

1．正确地认识自己

一位管理学家在分析日本汽车制造商在与美国同行的竞争中明显领先的原因时，发现二者在管理上存在一个明显的不同之处。美国厂商非常关注生产线上出现故障的可能性，为了避免故障产生导致的不利影响，厂商会使生产线运行得很慢来避免因设备故障而停产；而日本厂商则采取了截然不同的方式，当生产有效率地进行时，他们会一直加快生产进度直到发生故障，然后厂商将集中研究出现故障的原因，进行深入剖析并制定预防措施。由此可见，美国厂商把出现故障认为是失败，并尽力避免这种失败。而日本厂商却通过不断努力、自我剖析，发现故障找出原因，并将生产中出现的问题当成是学习和提高的机会。这是两种不同的管理和生活方式，伴随而来的自然是完全不同的结果。

企业管理是这样的，创业者的自我定位也应是这样的，通过"三省吾身"来提高修养。

正确认识自己就是指一个人对自我的认识要与实际情况相符合。它包括两个方面的涵义：第一，要正确、全面地认识自己的特点和长处；第二，要正确地认识自我与社会、个人与集体之间的关系。认识自我的途径一般有以下几种。

1）认真剖析自我

要认识自己，必须要做个有心人，要时常反省自己在日常生活中的点滴表现，找出优点和缺点。自我观察是自我教育、自我提高的重要途径，我们既要认识自己的外在形象，又要认识自己的内在素质，并通过对各方面的观察和分析大体了解自己的实际情况。

2）尊重他人评价

"不识庐山真面目，只缘身在此山中"。我们对于自己的认识有时难免会存在偏差，我们可以通过周围的人对我们的态度和评价来帮助我们认识自己、了解自己。我们要尊重他人对自己的态度与评价，并进行冷静的分析，既不能盲从也不能忽视，要有自己的审视眼光。另外，我们也要学会分析别人如此看待自己的主要原因是什么，应如何进行自我纠正。

2. 寻求突破方向

通过上述认识自我的过程，我们了解了自己的品性，接下来我们需要考虑在具体一段时间内从我们的选择、行为、心态、信念、价值观、人生定位等角度应怎样进行调整和找到突破方向。

1）做个健康向上的人

世界卫生组织指出，所谓健康就是在身体、精神、道德、社会适应上完全处于良好的状态。也就是说，健康包括四个方面的内容：第一、生理健康；第二、心理健康；第三、道德健康；第四、社会适应健康。这四个方面构成了健康的整体概念。作为新时代的大学生首先要努力做个健康向上的人。

2）做个积极主动的人

心理学家发现，一个人被击败，不是因为外界环境的阻碍，而是取决于他如何认识外界的环境。中国国家男子足球队前主教练米卢蒂诺维奇所说的"态度决定一切"就是这个意思。任何的埋怨不能改变现实，但是积极的心态和主动行动的态度可能会改变一切。要想立足于未来的企业，大学生必须在大学期间努力培养自己的主动意识和积极的态度，在工作中要勇于承担责任，主动为自己设定工作目标，并不断改进工作的方式和方法。此外，大学生还应当培养推销自己的能力，在领导或同学面前善于表现自己的优点。总之，只要有了积极主动的态度，自己制定的许多目标就能容易实现了。

3）做个超越自我的人

人生是污秽的川流，要涵纳这川流而不失其清洁，人必须成为大海。——《尼采语录》

苟日新，日日新，又日新。——《礼记》

一个人最难超越的往往是自己，在现实世界中，我们常常因为选取了过多的人进行比较而渐渐地失去了自己，迷失了要努力的方向。大学生应该寻找的最好的比较对象就是自己，应每日"三省吾身"，问自己："今天你进步了么？"

在发现自己的不足后，应不断地要求自己进行修正，从眼前的小事做起。毛主席教导我们"打一仗要总结一仗的经验"，我们要学会从过去已发生的事中寻找经验，不断总结，并带着"过去的状态是什么样，现在的状态又是什么样，这其中我做了什么，我最应该采取什么样的行动"等意识，贯彻到实际行动中，指导自己进步。

3.5.2 主动了解和掌握多门知识

在实行高校后勤社会化后,各类高校在自身建设上逐渐加大教育投资,加强硬件设施配套资源,同学们完全可以利用学校的良好资源,积极阅读,学习了解各门知识,一般需要注意以下几点。

1. 关注时事

时事新闻能反映出当前社会的各类动态,作为新时代的大学生需要关注时事,正确看待热点问题。创业者需要从国家的各类政策中寻找出有利于创业的良好机遇。

2. 记录知识

记录是对工作的及时总结,好记性不如烂笔头,对于有用的知识大学生们可以用本子专门记录摘抄下来,一方面可以加深记忆,另一方面可以在以后需要时随时查阅。

3. 多渠道学习

学校有各类免费资源可以使用,大学生们可以通过学校网络、图书馆、报刊等资料了解多门知识,也可以通过同学之间互相借阅以及参与讲座等形式进行知识的补充。

4. 有选择性地学习

"吾生也有涯,而知也无涯。"知识是学不完的,面对众多的书本和信息,大学生们要学会选择,一方面在选择面上要兼顾广博,另一方面在质量上要注重部分知识的深度,而不是不加选择地全盘接受。

3.5.3 积极参加各类社会实践活动

实践对于培养创业素质来说具有不可或缺的作用。作为大学生,要踊跃参加各类社会实践,团省委、各院校团委为了使学生充分了解社会、接触并服务社会,会组织各种类型的实践活动。大学生们要充分利用这些机会好好锻炼,提高实践能力,积极认识社会、了解社会,为以后的创业打下基础。常见的社会实践活动有以下几种。

1. 社会调查型社会实践活动

社会调查型社会实践活动是指运用科学的方法对特定的社会现象进行实地考察,了解其发生的各种原因,从而提出解决社会问题对策的活动。社会调查主要包括以下要素:明确的调查目的、具有社会意义的调查对象、科学的调查方法和实际的调查效果。

学校通过社会调查型社会实践活动的实施,要求学生发扬社会主人翁的精神,自觉关注社会发展,主动与人沟通,并通过调查的具体实施学习对调查问卷的设计分析以及总结等知识,以此培养学生求益、求实、求教的态度。

2. 专业实践型社会实践活动

专业实践型社会实践活动是课堂的延续,通过专业型社会实践活动,学生可以参加学术交流研究、科技发明创作、新产品发布使用推广等活动,是很好的理论联系实际、学习与实践有机结合的机会,同时也是进行创作创新的好机会。通过专业型实践活动,学生可

以增强对专业知识的理解，强化实践的观念，切实提高实践动手能力。

3. 社会服务政策宣讲型社会实践活动

社会服务政策宣讲型社会实践活动，具体就是到社区进行义工服务以及对国家的政策进行宣讲等。这类活动是作为时代先锋履行服务社会职能的最佳时机，虽然技术含量上比不上专业实践来得高，但是对学生的表达能力、组织协调能力以及对政策的领悟能力都提出了挑战，同时也是宣讲者自身进行学习的有效时机。通过此类实践活动，学生可以提高自身的思想道德修养，增强组织协调能力和沟通能力等。

从一定层次上说，创业者是一定范围内的领导者，作为领导者需要注重培养自身的领导魅力，所以有创业意识的大学生应该学会在各种场合下积极实践，在锻炼自己、施展和提升自身魅力的同时，也应对自身的不足进行改进提高。当然，除了这些社会实践活动，我们还可以充分应用学生团体如班级、院系学生组织以及社团等平台来锻炼自己。

机遇总是垂青有准备的人。一个人创业素质的高低，将决定他创业的层次与自由度，而创业素质的提高，不是一朝一夕就能做到的，也不是依靠毕业前的突击准备就能解决的。我们应转变观念，增强竞争意识。在创业开始之前，高标准、严要求、有针对性、分阶段地不断充实自己、完善自己，逐步提高自身的综合素质，为成为创业竞争中的强手而努力。

思考与练习题 3

1. 对自己的能力和素质做一个分析。
2. 邀请同学对自己做一份能力评价，看与自己的认识是否一致。
3. 如何在大学期间培养自己的创业能力和素质？

第4章

创业项目的选择

教学导航

➢ 选择创业项目要考虑的因素

➢ 创业项目的选择策略

➢ 创业项目的分析方法

➢ 大学生创业项目与模式的选择

根据一项由中国创业招商网对创业者的调查显示：80%的创业者在创业前期都感到确定创业项目使他们"十分头疼""很难抉择"；在创业失败的案例中，有 60%的人觉得是"创业项目不对"或"创业项目选择失误"；而在成功创业的人群中，70%的人认为是"良好的创业项目成就事业"。选择项目既然如此重要，那么究竟该如何选择项目呢？中国创业招商网的专家认为，在创业之前创业者一定要清楚一个观点，那就是创业项目没有最好的，只有最适合自己的。

人类进入互联网时代之后，创业信息的传播渠道也多了起来，互联网上更是有海量的创业信息。而面对如此庞大的信息，创业者不要"见一个、爱一个"，选择一个良好的创业项目，能让创业者少走弯路，大大地增加创业者创业成功的概率。

4.1　选择创业项目要考虑的因素

4.1.1　政策与法律

创业者选择创业项目必须考虑国家相关政策和法律的因素。首先看拟选定的项目是否属于国家政策和法律鼓励的范围。如果创业项目属于国家鼓励的范围，即使短期内预期利润不太高，只要项目本身发展前景好也可以选定。其次看拟选定的项目是否属于国家政策和法律禁止或限制的范围。如果属于禁止的项目，无论预期的利润有多高都必须放弃；如果属于国家政策和法律限制的项目，一般也应放弃，因为选择这样的项目创业往往要付出高昂的代价，而且会受到发展限制。

2019 年 2 月 2 日，《财政部 国家税务总局 人力资源社会保障部 国家扶贫办 关于进一步支持和促进重点群体创业就业有关税收政策的通知》出台，提出"一、建档立卡贫困人口、持《就业创业证》（注明"自主创业税收政策"或"毕业年度内自主创业税收政策"）或《就业失业登记证》（注明"自主创业税收政策"）的人员，从事个体经营的，自办理个体工商户登记当月起，在 3 年内按每户每年 12000 元为限额依次扣减其当年实际应缴纳的增值税、城市维护建设税、教育费附加、地方教育附加和个人所得税。限额标准最高可上浮 20%，各省、自治区、直辖市人民政府可根据本地区实际情况在此幅度内确定具体限额标准。""二、企业招用建档立卡贫困人口，以及在人力资源社会保障部门公共就业服务机构登记失业半年以上且持《就业创业证》或《就业失业登记证》（注明"企业吸纳税收政策"）人员，与其签订 1 年以上期限劳动合同并依法缴纳社会保险费的，自签订劳动合同并缴纳社会保险当月起，在 3 年内按实际招用人数予以定额依次扣减增值税、城市维护建设税、教育费附加、地方教育附加和企业所得税优惠。定额标准为每人每年 6000元，最高可上浮 30%，各省、自治区、直辖市人民政府可根据本地区实际情况在此幅度内确定具体定额标准。"这些都可以看出国家鼓励创业的方向。

故事分享："米汉堡"加盟，原来是传销骗局

用米饼代替面包做成"米汉堡"的湖南省金×人生食品有限公司，在成立公司后开始发展会员，鼎盛时在湖南有 20 多家分公司，5000 多名会员，会员充值金额达 1540 万元。在持续运营了两年多后，公司被当地工商部门吊销执照，公司两名老总以及一名业务员

"讲师"因涉嫌组织、领导传销活动罪被提起公诉。2016年4月，湘乡市人民检察院指控文×、杨×、张×涉嫌犯组织、领导传销活动罪一案在湘乡市人民法院一审宣判，法院判决三人罪名成立，文×被判处有期徒刑三年，缓刑五年，并处罚金人民币二十万元；杨×判处有期徒刑一年，并处罚金人民币十万元；张×免予刑事处罚，三人非法所得上缴国库。

4.1.2 个人兴趣和特长

一个人只有选择了他喜欢做又有能力做的事情，才会自觉地、全身心地投入到工作中去，才有可能在遇到困难和挫折时勇往直前、千方百计地克服困难实现创业目标。可以说，选择自己感兴趣、有特长的项目是创业成功的基础，一般应注意以下几方面。

1. 做生不如做熟

大学生创业有优势，也有局限性。大学生思维活跃、充满活力、喜欢接受新鲜事物，学校的学习使大学生具备了一定的专业知识。但由于大学生没有进入社会，商业意识、社会经验、企业管理、财务及营销等方面经验能力都较欠缺，因此大学生在创业方向的选择上应扬长避短，寻找适合自己发展的道路。

2. 利用科技成果

大学是科研成果层出和科技人才聚集的地方。作为大学生，如果在某一领域有自己的科技成果，则可以利用自己的成果走科技创业的道路。许多科技成果是与我们的生活息息相关的，但因为缺少应用方面的开发，使其被束之高阁。大学生可以利用自身的知识及学校资源，进行科技成果的应用开发。创业者不一定要把眼光放在能改变社会生活的大项目上，只要能找到与人们日常生活相结合的某一个点，小商品就可能做成大市场，比如我们把食品的科技成果用于休闲食品领域；把种植、养殖方面的科技成果用于家庭种花、养宠物领域；把材料表面处理的科技成果用于工艺品、饰品领域等。进行科技创业时，要充分利用学校的资源，包括科技成果、技术、设备、老师、同学等；更重要的是要将科技成果转化成商品，这是科技创业的一个重要因素。

3. 提供科技服务

大学生根据自己的兴趣爱好结合专业可以做出一些科研成果，但这些科研成果往往难以转化成商品，更无法将它们直接用于创业。而一些企业特别是一些大中型企业会有许多科技难题，大学生可以通过老师和学校加强与企业的联系，将企业难题作为科研课题，为企业提供科技服务和技术支持。

4. 选择智力服务

随着社会经济的发展，服务业在生活中占有越来越重要的地位。大学生创业应发挥自己的知识优势，选择一些需要专业知识的智力服务，如翻译、电脑维修维护、家教培训等，或把软件设计应用到一些传统行业、中小企业、商务及商业连锁领域中。

5. 开展电子商务

电子商务成本低，不受时间、空间限制，大学生从小就学习和使用计算机，他们可以

用自己的知识技能进行网上创业。大学生不应仅把注意力停留在网上开店买卖传统商品上，还应结合自己的特点提供一些网上智力服务，或一些有创意的电子商务项目。比如国际贸易专业的大学生可以通过网络寻求国际订单；可以为传统行业提供网络销售渠道；可以为要走出去的中小企业提供外部信息；可以建立虚拟办公服务等。

6. 开创意小店

大学生年轻、朝气蓬勃、思维活跃、喜欢接受新鲜时尚的东西，小店的经营难度相对小一些，对社会经验、管理、营销及财务水平要求不高。因此，大学生可以发挥自己的特点开一个有创意的小店。比如蔬果店、甜品店、幼儿绘画坊、老年人益智玩具吧、绣品工艺品 DIY 店、个性家饰店等。

4.1.3 市场机会

所谓市场机会，是指市场上存在的尚未满足的需求。我们在认真考虑了国家的相关法律政策、个人的兴趣爱好与特长以及对所选项目是否熟悉之后，接下来就要调查分析拟选项目是否有市场机会以及自己是否有能力利用这个市场机会。

1. 潜在市场机会和表面市场机会

明显没有被满足的市场需求称为表面市场机会，隐藏在现有需求后的未被满足的市场需求称为潜在市场机会。大多数企业都能发现表面市场机会，这也正是它致命的弱点，发现者多，进入者也就多。一旦选择该表面市场机会的人超过一定限度就会造成供过于求，给企业带来亏损。而潜在市场机会不易被发现，但由于识别它的难度大，所以如果找到并抓住了这种机会，竞争对手要比表面市场机会少，成功的机会就大得多。

2. 行业市场机会与边缘市场机会

每个企业都有它特定的经营领域，出现在本企业经营领域内的市场机会称之为行业市场机会，在与不同企业之间的交叉与结合部分出现的市场机会称之为边缘市场机会。一般来说，企业对行业市场机会比较重视，因为它能充分利用自身的优势和经验，发现、寻找和识别该市场机会的难度系数小。但是行业市场机会可能会因遭到同行业间的激烈竞争而失去或降低成功的概率。由于各企业都比较重视行业的主要领域，所以在行业与行业之间有时会出现"夹缝"，从而形成真空地带，无人涉及。边缘市场机会比较隐蔽，难于发现，寻找边缘市场机会需要创业者有丰富的想象力和大胆的开拓精神。

3. 目前市场机会与未来市场机会

在目前环境变化中出现的机会市场被称为目前市场机会，在目前市场中未表现为大量需求，但通过市场研究和预测分析将在未来某一时期内出现的市场机会被称为未来市场机会。二者没有明显区别，只在于时间先后顺序和可能转变为现实的客观条件是否具备。一般来说，企业从发现有利的市场机会到推出产品进入市场总是需要一定时间的，如果有企业提前预测到这种机会将在某一时间出现，从而早做准备，就缩短了这一时间过程，可以在这种市场机会到来时将自己准备好的产品推入市场，获得领先优势。

4. 全面市场机会与局部市场机会

全面市场机会是在大范围市场中（如国际市场，全国市场）出现的未满足的需求，局部市场机会则是在局部的市场（如某个省或某个特定地区）出现的未满足的需求。对于企业来说，区分这两种市场机会非常必要。一个企业所处的外部环境既受作用于整个市场的一般因素的影响，又受作用于该特殊区域的相关因素的影响。因此，这种区分可以使企业少犯主观主义的错误。

好的市场机会总是很难发现的，甚至察觉了也很难把握，这就要求创业者必须提高自己的市场发掘能力，不断开拓自己的眼光，努力锻炼自己独立思考的能力，这样无形之中就会拥有比别人更多的机会。

市场机会成为创业机会是有条件的，第一，创业者必须具有利用该资源的能力和技术能力；第二，创业者利用该机会足以实现经营目标。

譬如你准备开办职业介绍所，经过调查发现很多妇女正处于坐月子期间，其本人和婴儿缺乏有经验的人手照料，而当地市场上也没有人提供这种专业化的服务。也就是说，该市场需求尚未得到满足，这就是一个市场机会。但对于创业者来说，这种客观存在着的市场机会并不一定会成为你的创业机会。

4.1.4 承受风险的能力

创业是有风险的，在创业过程中会受到太多不可控制因素的影响，谁也不敢保证一定能够创业成功。因此，在创业者选择创业项目之前，无论对该项目多么有把握，都必须考虑"未来最坏的情况是什么；最坏的情况发生时，我能不能承受？"如果以上问题的答案是肯定的，那么，只要项目的预期报酬率符合你的预期目标，就可以进行投资。反之，如果创业者无法承受最坏的情况发生时带来的损失，那么不管项目的预期报酬率多么迷人都要断然拒绝投资。我们提倡慎重考虑创业风险，绝不是让创业者畏惧风险、裹足不前，而是要创业者正确对待风险，既要勇于进取，又不能盲目冒险，尽可能把创业风险控制在能够承受的范围之内。创业风险一般包括以下几种类型。

1. 技术风险

技术风险是指在技术投入、开发、应用过程中，由于种种因素的不确定性而导致创业失败的可能性。技术开发在设计产品阶段、生产阶段、市场阶段的投入一般是逐步增加的，随着投入的递增也意味着风险的加大，因为失败的时间越靠后，开发者面临的风险越大。

2. 市场风险

市场风险是指由于市场情况的不确定性导致创业者或创业企业出现损失的可能性。一个全新的产品推向市场，顾客对新产品的认识和接受需要一个过程，而创业者对市场容量难以准确地估计出来。开发或生产新产品的成本会影响其竞争力，新创企业缺乏强大的销售系统，在竞争中能否占领市场、占多大份额，也是难以有效确定的。

3. 管理风险

管理风险是指因创业企业管理不善而产生的风险。大学生创业者往往缺少实战经验，在经营决策的过程中可能会出现战略性的失误，如在经营过程中用人不当、在业务中产生法律纠纷等都会导致出现管理风险。

4. 团队风险

团队风险是指因创业团队构成不合理、目标不统一、队伍不稳定等原因给企业运行带来的问题。团队组建时经常无法具备管理、技术、财务、市场营销等各方面的人才，团队壮大后如何把不同性格、不同专业背景、不同经营理念、不同追求的人凝聚在一起又是一个新的课题。

5. 财务风险

财务风险是指由于对资金的筹措、管理、使用不当带来的风险。大学生创业者对创业所需资金数额、融资方式和融资成本及资金运用都难以准确估计，往往会成为创业中最突出的困难。近年来很多地方政府、企业和高校都设立了大学生创业基金，和学生利益共享、风险共担。大学生也要学会建立财务预警机制，通过使用资金周转表分析法、杜邦财务分析法、"本—量—利"分析法等方法，将财务风险降到最低。

> **故事分享：未了解情况就投资创业致经济损失**
>
> 哈尔滨市某知名大学商业管理专业的大四学生刘小东等二人为了创业，从同学们手里借到了 2 万元，从中央大街赛丽斯商场 6 楼"佳佳乐"快餐排档老板手里购买了其经营权并签订了转让合同。不料，接手后才发现赛丽斯商场 6 楼一个月后就要改变经营方向，"佳佳乐"快餐排档无法续约，这等于花了 2 万元购买来的经营权只能"有效使用"一个月。刘小东等二人在短短的不到一个月的时间里就赔了 4000 多元。

4.2 创业项目的选择策略

4.2.1 紧贴社会需求

创业者如果善于调查分析人们工作生活中的困难，就不难找到合适的创业项目。别人的需求往往就是企业成功的机会，企业通过对他人提供有益的服务，为他人解决工作与生活中的困难可以获得正当合法的利润。

小米公司创始人雷军有句名言："站在风口上，猪也能飞。"的确，社会的发展和运行需要很多部门和行业的支持，每个人在其中担任一定的角色，也承担一定的责任。只有找准定位，满足社会需求，才能最大限度地发挥自己的价值。

社会需求如何理解？任何市场行为无论是研发、生产、还是流通都要依靠对市场需求的把握，没有需求的东西哪怕做得再精美、质量再好都会缺少销路。比如一个人在饥饿的时候给他一碗米饭胜过给他一束玫瑰花。

发掘社会需求应了解市场需求并对市场运行规律有准确的把握。吃穿住行、医疗、娱

乐、旅游、信息等都是人们生活中的需求，对这些传统需求进行创造性的满足是发掘市场需求的根本。"淘宝网"就是满足人们购物的便捷性；"滴滴打车"也是帮助人们解决出行的需求。与其挖空心思地去发掘人们的新需求，倒不如去关注传统需求的新的模式。

创业者应具备满足需求的能力。每一个创业的人都在想尽办法满足需求，但是有人成功、有人失败，究其原因就是对自己的定位不同。社会中的确存在各类需求，但不是每一种需求自己都有能力满足。地区经济、社会发展、时代机遇、自身能力、获得的支持等差异，也导致不同的创业者需要采取不同的方式。比如对于西部地区的创业者，做金融高科技其实有可能不如销售土特产更易获得成功。创业者一定要找到自己的位置，从实际出发，做出正确的创业选择。

王码电脑公司的王永民先生，就是为了解决人们工作中汉字录入速度慢的困难，发明了五笔字型汉字输入软件，一举创业成功；北大方正公司的王选先生为解决印刷行业需求，发明了激光照排系统；城镇中大多为三家之口，夫妻两人上班经常为接送孩子上学和吃饭的事发愁，有人针对这一情况开办了托教服务项目创业，不仅投资少、见效快，而且有生命力，很快取得了成功；还有人针对城镇双职工上班时间紧，不愿为做饭和清洁厨房多花时间的需求，开办净菜商店或清洁公司创业，也获得了成功。

4.2.2　透视商机背后的商机

当创业者打算选择创业项目时，正好看到市场上某种商品处于热销，这时千万不能跟风经营。正确的做法应是以热销商品为导向，认真分析热销商品背后隐藏的商机，再选定创业项目进行经营。

譬如当看到市场上鸡蛋热销时，要学会分析预测鸡蛋热销背后隐藏的商机：一是马上会兴起养鸡热，二是当养鸡热兴起后，鸡饲料将会供不应求。因此，聪明的创业者，既不去卖鸡蛋也不去养鸡，而是跳过两个阶段去生产鸡饲料。这样当养鸡热兴起后，自然就会财源滚滚。

为什么当看到市场上某种商品处于热销，再去经营它往往赔钱呢？因为任何商品都有市场生命周期。所谓市场生命周期，是指商品从投放市场到被市场淘汰所经过的时间。它通常可分为四个阶段，即投入期、成长期、成熟期、衰退期。当你看到市场上某种商品热销，通常情况下这种商品已经进入成熟期。如果选择这时去经营该项目，如果是开办生产项目，从投资建厂到购买安装机械设备，再到招募培训工人和购买原材料生产出产品投放市场，需要较长的时间。因此当产品投放到市场时，这种产品往往已经进入衰退期，导致销售每况愈下，回天无力，最后以赔钱失败告终。如果是开办商业项目，虽然开业所需时间比开办生产项目所需时间短一些，但从筹集资金、选择门面到商品装修布置，再到办理一系列开业法律手续和进货开业，也需要一定的时间，因此往往是开业经营时间不长，本钱还没有收回，生意就由热转冷了。

> **故事分享：犹太小伙抓住商机，创建"李维斯"**
>
> 19 世纪 40 年代后期，人们在加利福尼亚州发现了金矿，当地掀起了"淘金热"。犹太青年商人 Levi Strauss（李维·斯特劳斯）并没有跟风去挖金矿，而是带了一批帆布过去供淘金者搭帐篷。结果到了当地他发现对于淘金者来讲，最急需的东西并不是帐篷，而是一条耐磨耐穿的裤子。他当即把积压的帆布试着做了一批低腰、直筒、臀围紧小的裤子，

卖给淘金工人。由于这种裤子比棉布裤更结实耐磨被人们大量选购，不到半年的时间，小镇上一大半的淘金工人都穿上了这种工装裤，甚至连镇上的办事员和官员也爱上了这种耐穿结实的裤子。于是，他索性开了一家专门生产帆布工装裤的公司，并以自己的名字"Levi's"作为品牌，李维斯（Levi's）的神话也由此展开。历经一个半世纪的风雨，李维斯从美国流行到全世界，并成为全球各地男女老少都能接受的服装。

4.2.3　市场供求差异战略

从宏观上看，任何产品或服务的市场需求总量和市场供应总量之间往往会存在一定的差距。创业者通过调查分析，若发现哪个产品或服务的市场供给不足，就可能从中找到创业机会，选定创业项目。市场需求不仅是多元化的，而且是不断变化的。因此，即使有时市场供求总量平衡，但结构也会出现不平衡，这样就会有需求空隙存在。创业者通过分析供需结构差异，也可以从中发现创业机会，选择创业项目。

差异化战略是指为使企业产品与竞争对手产品有明显的区别，形成与众不同的特点而采取的一种战略，这种战略的核心是取得某种对顾客有价值的独特性。企业要突出自己产品与竞争对手产品之间的差异性，主要有产品差异化、服务差异化、人事差异化和形象差异化四种基本的实现途径。

故事分享：梁伯强抓准市场需求，完成传奇创业

1998 年 5 月的一天，梁伯强看到报纸上一则新闻写到，朱镕基总理在接见全国轻工企业职工代表大会的代表时，谈到了对指甲钳质量的不满，说从没使用过一个好的指甲钳，我们生产的指甲钳剪两天就剪不动了。梁伯强想，一个小小的指甲钳能在总理心中得到挂念，可见绝非小事，这里就有商机。当年 10 月，梁伯强以做世界著名品牌指甲钳公司的代理产品为名，一次进了该公司 30 万元的货，然后以发现部分产品有质量问题为理由，让对方老板亲自带梁伯强参观了该指甲钳生产的全过程，这"偷师学艺"的过程前后持续了多次。1999 年学成归来的梁伯强倾其所有，在宁波开发区投资了指甲钳生产线，并注册成立了中山圣雅伦有限公司。经过几年的发展壮大，现在的圣雅伦指甲钳已成为中国指甲钳行业的名牌产品，质量名列前茅。

4.3　创业项目的分析方法

4.3.1　"5W2H"分析法

"5W2H"分析法又叫七何分析法，是二战中美国陆军兵器修理部首创。"5W2H"是指"What""Who""When""Where""Why""How much""How to do"。使用"5W2H"分析法进行分析，有助于创业者理清整体思路，制定行动方案。

在创业项目选择中采用"5W2H"分析法，主要考虑的情况包括：

What：我要找什么样的项目？我有什么优势和劣势？

Who：我的合作伙伴是谁？我的竞争对手是谁？

When：项目中各环节的推进应该在什么时间进行？某项具体工作需要多长时间来完成？

Where：企业地址应该设在哪里？市场在哪里？

Why：为什么要选择这个项目？

How much：注册资金要多少？运营资金要多少？

How to do：如何选择合作伙伴？如何推进这个项目？

4.3.2 "SWOT"分析法

"SWOT"分析法是用来确定企业自身的竞争优势、竞争劣势、机会和威胁，从而将公司的战略与公司内部资源、外部环境有机地结合起来的一种科学的分析方法。所谓"SWOT"分析，即基于内外部竞争环境和竞争条件下的态势分析，就是将与研究对象密切相关的各种主要内部优势、劣势和外部的机会和威胁等因素通过调查列举出来，并依照矩阵形式排列，然后用系统分析的思想把各种因素相互匹配并加以分析，再从中得出一系列相应的带有一定决策性的结论。运用这种方法，可以对研究对象所处的情景进行全面、系统、准确的研究，从而根据研究结果制订相应的发展战略、计划以及对策等。

"S"（Strengths）是优势、"W"（Weaknesses）是劣势，"O"（Opportunities）是机会、"T"（Threats）是威胁。按照企业竞争战略的完整概念来理解，战略应是一个企业"能够做的"（即组织的强项和弱项）和"可能做的"（即环境的机会和威胁）之间的有机组合。

（1）优势是组织机构的内部因素，具体包括：竞争态势、财政来源、企业形象、技术力量、规模经济、产品质量、市场份额、成本优势、广告攻势等。

（2）劣势是组织机构的内部因素，具体包括：设备老化、管理混乱、缺少关键技术、研究开发落后、资金短缺、经营不善、产品积压、竞争力差等。

（3）机会是组织机构的外部因素，具体包括：新产品、新市场、新需求、外国市场壁垒解除、竞争对手的失误等。

（4）威胁是组织机构的外部因素，具体包括：新的竞争对手、替代产品增多、市场紧缩、行业政策变化、经济衰退、客户偏好改变、突发事件等。

"SWOT"分析法的优点在于考虑问题全面，是一种系统思维，而且可以把对问题的"诊断"和"解决方法"紧密地结合在一起，条理清楚，便于检验。

案例分享：小李使用"SWOT"法分析企业

小李是南京一家高职院校的在校学生，他想在学校创业街里申请一家店铺来开水果店，而能不能凭借这个项目把店铺申请下来，申请下来自己又能不能经营下去呢？于是他采用"SWOT"分析法对这个项目进行了分析研究。

优势：创业者本身是大学生，了解大学生的需求和心理；店铺离宿舍近，学生购买方便快捷；学生数量大，购买力强，市场需求大；学校的店铺有优惠，成本有一定优势；可以送货上门，提供优质的客户服务；有学校和同学的支持；有特色的经营理念。

劣势：大学生社会经验不足；创业资金短缺；发展速度慢，市场容易被抢占；没有稳定的供货渠道。

机会：开水果店的成本小，硬件要求低，进入市场的难度小。

威胁：校内已有两家水果店，竞争激烈；如果经营状况良好，就很容易被效仿；水果店规模小，受资金条件的制约，短时间内不能占领所有市场，很可能被后期的跟随者或效仿者吞食大部分市场。

这样分析下来，开水果店的项目优势和机会都很大，劣势和威胁中也有一些因素是比较难解决的，虽然经营起来可能会很困难，但小李还是决定做一下尝试，在实践中锻炼自己，而且因为成本较低，即使创业失败自己也能够承受。

4.3.3　"波特五力模型"分析法

"波特五力模型"分析法是迈克尔·波特（Michael Porter）于 20 世纪 80 年代初提出的理论。他认为行业中存在着决定竞争规模和程度的五种力量，这五种力量综合起来影响着产业的吸引力以及现有企业的竞争战略决策。这五种力量分别为同行业内现有竞争者的竞争能力、潜在竞争者进入的能力、替代品的替代能力、供应商的讨价还价能力和购买者的讨价还价能力。

"波特五力模型"分析法属于外部环境分析方法中的微观分析法，常用于竞争战略的分析，可以有效地分析客户的竞争环境。这种分析方法可以采用量化的手段评估项目的特点，从而帮助创业者从多个好的项目里优中选优。

例如现有两个项目需要创业者抉择，项目各有自己的优缺点，就可以使用"波特五力模型"分析法来做出选择，如表 4-1 所示，根据得分最后选择项目二。

表 4-1　"波特五力模型"分析法

能　力	内　容	得分		权重
		项目一	项目二	
现有竞争者的竞争能力	项目的市场现状及发展趋势 （分越高，竞争力越强）	9	7	0.15
潜在竞争者进入的能力	市场保护政策及合作期限 （分越高，越有利）	7	7	0.15
替代品的替代能力	项目被取代的可能性 （分越高，被取代的可能性越小）	6	8	0.10
供应商的讨价还价能力	项目综合吸引力 （分越高，项目综合吸引力越大）	9	8	0.30
购买者的讨价还价能力	自身与项目要求的综合匹配程度 （分越高，匹配程度越高）	7	9	0.30
总　分		7.8	8	1

4.4　大学生创业项目与模式的选择

大学生创业有优势，也有局限性。大学生思维活跃、充满活力、喜欢接受新鲜事物，学校的学习使大学生具备了一定的专业知识，但由于没有进入社会，商业意识、社会经验、企业管理、财务及营销等方面都比较欠缺，因此大学生在创业方向的选择上应扬长避短，寻找适合自己发展的道路。

4.4.1　大学生创业项目的选择

大学生可选择的创业项目主要有以下几类。

（1）借助学校品牌的项目：如各类教育与培训、成熟的技术转让、各种专业的咨询等。

（2）利用优势的服务项目：如家教服务中心、成人考试补习、会议礼仪服务、发明家俱乐部、速记训练经营、出租旅游用品等。

（3）可独立运作的专业项目：如图书制作前期工作、各类平面设计工作、各种专项代理业务等。

（4）利于对外合作的项目：如婚礼化妆司仪、服装鞋帽设计、各类信息服务等。

（5）小型多样的经营项目：如手工制造、特色专柜、网络维护、体育用品等。

4.4.2　大学生创业模式的选择

1.　网络创业

大学生是具有活力的群体，也是新技术和新潮流的引导者和受益方。随着网络购物的方便性、直观性越来越被人看重，更多的人选择在网络上购物。一些人即使不买，也会去网上了解一下自己将买商品的价格。一种点对点、消费者对消费者之间的网络购物模式开始兴起，网络创业的门槛低、成本少、风险小、方式灵活，从国外的"eBay"到国内的"淘宝网"，越来越多的个人在网上开店，在线销售商品，从而引发了一股个人开网店的风潮。

2.　加盟创业

加盟创业是采用加盟的方式进行创业，是加盟商（受许人）与连锁总部（特许人）之间的一种契约关系。加盟商向连锁总部支付相应的费用，连锁总部向加盟商提供一种独特的商业经营特许权，并给予加盟商人员训练、组织构建、经营管理、商品采购等方面的指导和帮助。

加盟创业最大的特点是利益共享、风险共担。加盟有自愿加盟、委托加盟、特许加盟等几种形式，投资金额根据商品种类、店铺要求、技术设备的不同从几千元到几百万元不等，可以满足不同资金、不同实力的创业者的需求。大学生由于经验不足、资金有限，非常适合选择加盟这种创业方式。

> **故事分享：手抓饼店调整策略做加盟**
>
> 重庆北城天街小吃街有一家不到 10 平方米的小店，老板禹化普是一位刚刚毕业的 90 后大学生。禹化普在上大三时就当上了手抓饼店的小老板，在两年时间里发展了 4 家直营店、1 个加工厂和 8 家加盟店，年收入达 250 万元。
>
> "以前我们追求速度，客人多了就一次能做 6 张饼。"禹化普说，在上大三那年做第一家店时这种快捷的方式并没有赢来顾客的青睐。他特意跑到成都小吃街去考察，发现类似的小吃店老板总是保持"慢工出细活"的状态，即便店外顾客已经排起长龙也不慌不忙地做活，而前来的顾客络绎不绝，并耐心等待着他们的美食。禹化普回到重庆后开始要求师傅一次只做 2 张饼。大家对这个营销方式的反响很好，饼始终保持最好的口感，排队的客

人反而更多了，每天平均能卖 400 张饼。禹化普的北城手抓饼店慢慢地成了活招牌，现在每月能卖 1.5 万张饼，凭借这样的人气，禹老板迎来了 3 位新的加盟商。禹化普说，从去年的 5 个加盟商的情况来看，基本 4 个月就能盈利。品牌加盟费收 1 万元，加盟店大小在 3～10 平方米即可，租金价格通常在每月 3000 元左右，再扣掉原料、房租、水电煤气及人工费用，按每家店每天卖 300 张饼算，一个月的纯利润平均为 8000 元。一开始，禹化普想做连锁直营模式，当他们拥有第三家直营店时，他们开始打造属于自己的品牌，但想要与大品牌竞争，打开细分市场领域，就必须吸引加盟商。

"每卖一个面团给加盟商，他们赚 8 毛，我们只赚 5 毛，薄利多销。"禹化普说，5 家加盟店每天至少购买 2500 个面团，一年仅靠卖面团营业额就能达到 50 万元。

3. 大赛创业

近年来，由科技部、教育部、团中央等政府部门以及众多企业和高校举办的创新创业大赛的数量越来越多，规格越来越高，影响力也越来越大。创新创业大赛作为"创业孵化器"的作用越来越突出。

大学生可以把创新创业大赛当成自己项目的试金石，也可以通过大赛锻炼能力、开阔视野、储备知识、了解行业信息、积累人脉资源，如果有获奖项目甚至还可以获得一笔可观的项目启动资金。现在已经有越来越多的创业项目从创新创业大赛中走出来，成功地开始进行创新创业。

在 2012 年，借国家电子商务基地落户武汉市硚口区之机，首届武汉市大学生电子商务创新创业项目大赛启动。2015 年年底，经武汉市政府同意，硚口区正式启动中国武汉大学生"互联网+"创新创业（汉口）基地建设。截至 2016 年，大赛共征集创业项目 1595 个，参赛团队总人数突破 10000 人，影响大学生群体超过 100 万人，百度搜索收录大赛关键词 191 万条。从大赛走出的 260 多家电子商务创新型企业，初次创业成功率达 54%，年总营业额超过 2 亿元，吸纳大学生就业 4000 余人，还涌现了一大批中高端创新创业人才。在大赛中，2 人获得市"黄鹤英才"专项奖励，共有 64 个项目获省、市级创业资助总计 246 万元，10 余个创业项目受到风投机构的青睐，累计获得初创扶持资金 2850 万元。目前通过大赛引进的大学生创业团队已经有 125 家在汉正街都市工业区国家电子商务示范基地入驻。

4. 校内创业

校园里本身就有很多商机，如学生的日常生活用品销售、文化演出的舞台灯光服装租售、宣传物料的制作等，学生可以利用信息收集便捷、市场把握准确、创业团队组建便利、专业能力强等方面的优势，开拓校内市场。学生也可以立足本校，走向其他高校甚至更大的市场。

创新创业氛围在很多高校中日益浓厚，创业师资越来越强、创业社团遍地开花，创业课程成为了学生的选修课甚至必修课。很多学校在校内设立科技园、创业园、创业街，通过选拔学生中的优秀创业项目予以进驻，并提供各种创业指导和便利条件。大学生校内创业的条件越来越完备。

故事分享：校内创业帮助成长，创业之路走上正轨

1993 年出生的彭丽是徐州人，是南京信息职业技术学院电子信息工程技术专业毕业的学生。她的创业之路始于大一，当时她觉得学校里的服装租赁生意有市场，她便开始尝试。但是，买服装需要钱，因为资金限制，她只能退而求其次从外面租来服装再转租给客户使用。就这样，生意在不温不火中持续了几个月，彭丽虽没有赚到什么钱，却积累了不少经验。在上大二时，彭丽的创业道路迎来了转机，当时学校举办了一场创业大赛，希望从中发现有潜质的学生进行创业扶持。彭丽成功入围了大赛，获得了学校免费提供的创业场地支持，她的创业之路这才真正走上了正轨。在承办了 2013 年学校的六十周年庆活动之后，彭丽的公司业务量突然井喷，很快她扩大了公司的规模，不仅招募了一批团队成员辅佐自己，还在仙林地区的其他高校陆续开了分公司。经过一年的发展，公司的面貌已经发生了翻天覆地的变化，仓库里的服装数量已经超过了一万件，独立支撑一场大型演出游刃有余。

彭丽公司的市场也在逐步扩张，从早期的专注南京信息职业技术学院内的业务，到后来就覆盖整个仙林大学城，再到后来业务已涉及南京的绝大多数高校。几乎南京的每家高校，都有她的公司的服务点，公司每年的营业额也达到了数百万元。

4.5 创新创业主要赛事

创业计划大赛是风靡全球高校的重要赛事。它起源于美国，又称商业计划竞赛。自 1983 年德州大学奥斯丁分校举办首届商业计划竞赛以来，美国已有包括麻省理工学院、斯坦福大学等世界一流大学在内的十多所大学每年都会举办这一竞赛。一大批著名企业公司如雅虎公司、网景通信公司等就是在校园的创业氛围中诞生的。著名的麻省理工学院的"5 万美金商业计划竞赛"已有多年历史，每年都有五六家新的企业从大赛中诞生，影响深远。

随着人类社会进入 21 世纪，科学发现、技术发明与商品产业化之间的关系越来越紧密，科技成果转化为现实生产力的周期越来越短，科技进步和创新逐渐成为经济社会发展的决定性因素。这给处于改革攻坚阶段的中国带来了巨大的机遇和严峻的挑战。同时，加入世界贸易组织使中国在更高的层次和更广的领域中直接面对全球技术、信息和资本市场的竞争。因此，大力实施"科教兴国"战略，努力培养广大青年的创新、创业意识，造就一代符合未来挑战要求的高素质人才，已经成为实现中华民族伟大复兴的时代要求。为了适应这一要求，从 1999 年开始，共青团中央、中国科学技术协会、教育部和中华全国学生联合会共同主办了"挑战杯"中国大学生创业计划竞赛。创业计划竞赛借用风险投资的运作模式，要求参赛者组成优势互补的竞赛小组，围绕一个具有市场前景的技术产品或服务概念，以获得风险投资为目的，完成一份包括企业概述、业务内容与展望、风险因素、投资回报与退出策略、组织管理、财务预测等方面的创业计划书，最终通过书面评审和秘密答辩的方式评出获奖者。

"挑战杯"竞赛开办后受到了党和国家领导同志的亲切关怀，江泽民同志为"挑战杯"竞赛题写了杯名，李鹏、李岚清等领导同志以及苏步青、钱三强、卢嘉锡、周光召、朱光亚、费孝通等一批著名科学家和社会学家也为竞赛题词。

1. "挑战杯"中国大学生创业计划竞赛

"挑战杯"大学生创业计划竞赛，是"挑战杯"的系列赛事之一，逢双数年举办。竞赛以"崇尚科学、追求真知、勤奋学习、锐意创新、迎接挑战"为宗旨，传播自主创业意识。竞赛的举办为即将走出校门的大学生提供了一个创业实践的平台，指出了一条争取风险投资的途径。

1998 年 5 月，清华大学成功举办了第一届清华创业计划大赛，首次将创业计划大赛引入了国内大学校园，成为社会各界关注的焦点。1999 年，由中国共产主义青年团、中国科学技术协会、中华全国学生联合会主办，清华大学承办的首届"挑战杯"中国大学生创业计划竞赛成功举行。竞赛汇集了全国 120 余所高校的近 400 件作品，在全国高校范围内掀起了一轮创新创业的热潮，产生了良好的社会影响，已被公认为中国大学生科技领域的"奥林匹克"盛会。

经过几年的市场洗礼，一部分学生创建的创业公司正在逐步走向成熟，创业计划竞赛使大学校园创新意识、创业能力的教育与培训工作得到了进一步的发展，成为共青团中央、学生会组织参与素质教育的新载体，成为学生科技活动的新形式。目前，创业计划竞赛已与课外学术科技作品竞赛一起成为"挑战杯"旗下的重要赛事。从 2002 年起，教育部也成了主办单位之一。作为学生科技活动的新载体，创业计划竞赛在培养复合型、创造型人才，促进高校产学研结合，推动国内风险投资体系建立方面发挥着积极的作用。它对深化高等教育改革，推动高校创新创业型人才培养起到了重要作用。创业计划竞赛点燃了大学生创新创业的热情，营造了拼搏进取、积极向上的校园创业文化氛围，培养了一大批具有创新创业意识和能力的人才，以积极地推进创新型国家建设。同时，它也为大学生施展创新创业才能提供了平台，加速了大学生科研成果的转化速度。在该赛事的推动下，一批具有发展前景的企业得以问世，并发展壮大。"挑战杯"中国大学生创业计划竞赛举办信息如表 4-2 所示。

表 4-2　"挑战杯"中国大学生创业计划竞赛举办信息

序号	届次	时间	地点	承办高校
1	第一届	1999	北京	清华大学
2	第二届	2000	上海	上海交通大学
3	第三届	2002	杭州	浙江大学
4	第四届	2004	厦门	厦门大学
5	第五届	2006	济南	山东大学
6	第六届	2008	成都	四川大学
7	第七届	2010	长春	吉林大学
8	第八届	2012	上海	同济大学
9	第九届	2014	武汉	华中科技大学
10	第十届	2016	成都	电子科技大学
11	第十一届	2018	杭州	浙江大学

在原有大学生"挑战杯"系列竞赛的基础上，结合职业学校学生特点，"挑战杯——彩虹人生"全国职业学校创新创效创业大赛自 2014 年起正式推出，每两年举办一次，分为全

国级和省级两级赛事。首届大赛由中国共产主义青年团、教育部、中国科学技术协会、中华全国学生联合会和浙江省人民政府共同主办。大赛根据职业院校特点，设中职组和高职组两类参赛组别。中职组设创意设计竞赛和创业计划竞赛，共两类竞赛；高职组在中职组的基础上增设生产工艺革新与工作流程优化竞赛和社会调研论文竞赛，共四类竞赛。

2016 年 8 月，第二届"挑战杯——彩虹人生"全国职业学校创新创效创业大赛在福州举办。本届竞赛以"匠心筑梦 创绘青春"为主题，共有 2800 多所中高职学校的近万件作品报名参加了比赛，直接参赛学生达 15000 余名，并有近 300 所职业学校的 1200 余名选手进入决赛，从参与学校数量、参与人数、作品质量等方面与首届大赛相比都有较大提升。

2. "创青春"中国青年创新创业大赛

在原有"挑战杯"中国大学生创业计划竞赛的基础上，中国共产主义青年团、教育部、人力资源社会保障部、中国科学技术协会和中华全国学生联合会决定，2014 年共同组织开展首届"盐商杯"中国青年创新创业大赛。大赛以上海"盐商"集团冠名。该赛事面向不超过 35 周岁的创业青年和平均年龄在 35 周岁以下的创业团队，特别鼓励符合国家产业转型升级的项目报名参赛。

2014 年 11 月 29 日，首届"创青春"中国青年创新创业大赛颁奖典礼及 2014 中国青年创客大会在天津举行，"青年菜君"项目凭借其创意和较为完善的解决方案荣获正式创业组一等奖，并得到 100 万元奖励。

2015 年 7 月至 12 月，第二届"创青春"中国青年创新创业大赛举办，分为商工组、现代农业组、互联网组和 App 专项赛等 4 项赛事，并根据参赛项目所处的创业阶段及企业创办年限，分设创意组、初创组、成长组。大赛共有来自全国各地的 7.6 万个优秀项目积极参与，其中 200 余家风投机构与 800 多个赛事项目达成投资意向。

2016 年 6 月，第三届"创青春"中国青年创新创业大赛启动，分为商工组、现代农业和农村电子商务组、互联网组和 App 专项赛等 4 项赛事。全国 31 个省（自治区、直辖市）举办省级赛事，200 多个城市举办地市级赛事，共吸引近 8 万个创业项目、30 多万青年参赛。

2017 年 9 月 20 日，第四届"创青春"中国青年创新创业大赛商工组全国赛决赛暨颁奖典礼在陕西西安举行，标志着第四届"创青春"中国青年创新创业大赛系列赛事圆满结束。共有 20 多家创业投资机构负责人、入围决赛的 60 强参赛项目团队及创业青年代表 400 余人参加活动。

3. 中国"互联网+"大学生创新创业大赛

2015 年 5 月启动的首届中国"互联网+"大学生创新创业大赛，以"'互联网+'成就梦想，创新创业开辟未来"为主题，由教育部、有关部委和吉林省人民政府共同主办。大赛旨在深化高等教育综合改革，激发大学生的创造力，培养造就"大众创业、万众创新"的生力军；推动赛事成果转化，促进"互联网+"新业态形成，服务经济提质增效升级；以创新引领创业、创业带动就业，推动高校毕业生更高质量地创业就业。大赛共吸引了 31 个省份及新疆生产建设兵团共 1878 所高校的 57253 支团队报名参加，提交项目作品 36508 个，参与学生超过 20 万人，带动全国上百万名大学生投入创新创业活动。大赛采用校级初赛、省级复赛、全国级总决赛三级赛制。参赛项目主要包括"互联网+"传统产业、"互联网+"新业态、"互联网+"公共服务和"互联网+"技术支撑平台四种类型。最终有 300 个团队入

围由吉林大学承办的全国总决赛，其中有100个创意组团队、200个实践组团队。

2016年3月至10月，教育部会同中央网信办、国家发展改革委、工业和信息化部、人力资源社会保障部、国家知识产权局、中国科学院、中国工程院、共青团中央、湖北省人民政府举办了第二届中国"互联网+"大学生创新创业大赛。大赛的全国总决赛在华中科技大学圆满落幕，共评出大赛冠、亚、季军4名，金奖项目32个，银奖项目115个，铜奖项目448个，单项奖项目4个，参赛鼓励奖项目24个，优秀组织奖10个，先进集体奖22个。

2017年9月，以"搏击互联网+新时代，壮大创新创业生力军"为主题的第三届中国"互联网+"大学生创新创业大赛的总决赛在西安电子科技大学举办，分别进行了119支内地团队的金奖争夺赛、8支港澳台团队的金奖争夺赛和17支国际赛道团队的金奖争夺赛，大赛共产生43项金奖。

4. 中国创新创业大赛

中国创新创业大赛是由科技部、财政部、教育部和中华全国工商业联合会共同指导举办的一项以"科技创新，成就大业"为主题的全国性创业比赛。大赛按照团队组和企业组进行比赛。参赛的团队和企业应具有较强的创新能力和成长潜力，主要从事高新技术产品研发、制造、生产及服务等方面的业务，经营规范，社会信誉良好。其中大学生创业团队也可参赛。

2012年首届中国创新创业大赛于2012年7月5日在北京正式启动。大赛分为初创企业组、成长企业组和创业团队组进行比赛，历时6个月，分别在北京、上海、宁波、深圳和成都五个城市进行分赛区比赛，并于2012年年底在北京举行全国总决赛。首届大赛共有4411家企业和1557个创业团队报名参赛，近600名创业投资专家参与评选与投资。其中有226家企业和20个创业团队被评为大赛优秀企业和优秀团队，68家企业和团队进入全国总决赛。总决赛和颁奖典礼在中央电视台财经频道播出后，在社会中引起了强烈反响。部分大赛优秀企业获得了招商银行的创新创业扶持资金、创投资金和科技计划项目的支持，另有162家企业得到了招商银行的授信，总额度超过17亿元，实际贷款近9亿元。

第二届中国创新创业大赛于2013年5月24日正式启动，历经了地区赛、全国初评、全国半决赛、全国总决赛等多个环节。大赛在全国的26个省市区设立了分赛区，并设立了深圳和西安两个综合赛区，共收到10381家企业和2928个团队报名参赛。总决赛于2013年11月20日～21日在北京举行，其中10家初创企业、10家成长企业和10个创业团队决出初创企业组、成长企业组、创业团队组中各组的第一、二、三名。

第三届中国创新创业大赛于2014年5月8日正式启动，共设24个赛区，其中包含22个独立分赛区和2个综合赛区，共有8759家在5年内成立的创业企业和3746个创业团队报名参赛，大赛还吸引了近100家港澳台地区的企业、团队和40多个来自海外的创业团队报名。其中有677家企业和254支团队进入全国行业赛，晋级全国行业赛的企业和团队按照新材料、生物医药、新能源及节能环保、先进制造、电子信息、互联网和移动互联网6个行业领域，陆续在山东淄博、上海、黑龙江大庆、湖北武汉、江苏苏州和广东深圳完成比赛。来自620多个创投机构的1554名创投专家积极参与到整个评审过程，通过大赛与参赛企业和团队高频次地接触，使参赛企业累计获得融资总额近百亿元人民币。

第四届中国创新创业大赛于 2015 年 4 月启动，报名参赛项目达 27000 个，共设 34 个地方赛区，共有 1500 余个优秀创业企业及团队成功突围进入全国总决赛。第四届赛事的涉及领域在原有基础上增加了文化创意行业。大赛组委会举行了一系列的创业配套服务活动，如培训大讲堂、创业对对碰、融资路演、创业诊断、行业沙龙、创业交流晚宴等。20 余家国内知名创业投资机构助力大赛，百余位国内知名创投专家分别为各行业总决赛担当评委。

第五届中国创新创业大赛于 2016 年举行，共设置 35 个地方赛区，分 6 个行业领域进行比赛，大赛共收到 34341 家企业和团队的报名申请，其中有 22277 家企业以及 12064 个团队。大赛组委会专门推出"中国创新创业市场与技术对接中国行"活动，将各行业的龙头骨干企业和高校院所等优质创新资源引入到创新创业中来，促进大企业和小企业的全面对接和融合发展，帮助大企业转型升级，推动小企业快速成长。

案例分享："扫位"App 通过大赛成功创业

上海物态智能科技有限公司开发的"扫位"App 获得 2014 年第三届中国创新创业大赛全国行业赛总决赛移动互联网企业组的第三名，得到九州建元公司数百万元的投资。2015 年 4 月，"扫位"App 正式上线，用户可以通过它了解附近饭店的空位情况，随后在线付费，把位子"抢"下来。公司创始人龚飞悦告诉记者，大赛引入投资人担任评委除了有利于参赛项目融资外，还有一大好处，就是"他们在评审项目时，会提出许多角度刁钻的问题，逼我们思考解决办法，这对企业的成长很有利。"

案例分享：企业通过创业大赛成功转型升级

上海宏力达信息技术有限公司曾获中国创新创业大赛节能环保行业企业组的第二名。公司运营总裁冷春田介绍，他们的参赛项目是"智能配电网在线监测系统"，由硬件设备、计算机软件和无线通讯网络组成。装有硬件设备的配电网一旦发生故障，通过信号传输，系统就能立刻显示是哪两根杆塔间出现故障，并发短信告知巡线人员，以此大幅缩短排查故障点的时间。在当年摘得全国赛亚军后，公司的知名度不断上升。冷春田说："在得奖以后，许多智能电网公司找上门来，要代理销售这套系统。另外，我们的直接客户也增加了，有 3 家省电力公司与我们签了约。"

5. 中国大学生服务外包创新创业大赛

中国大学生服务外包创新创业大赛是响应国家关于鼓励服务外包产业发展、加强服务外包人才培养的相关战略的举措与号召，自 2010 年 5 月开始举办的每年一届的全国性竞赛。大赛由教育部、商务部和无锡市人民政府联合主办，由国家服务外包人力资源研究院、无锡市商务局、无锡市教育局和江南大学承办。

2016 年 9 月，第七届中国大学生服务外包创新创业大赛在无锡举行。中南大学、台湾清华大学、无锡城市职业技术学院等高校分别获得企业命题组、自由命题组、创业实践组一等奖。大赛紧贴现代服务经济和"创新、创业、创富"主题，在国内竞赛中首创了"发包型赛题"，由企业根据实际业务需要，发布真实项目需求，在应征的高校项目解决方案中选择优胜队伍发放企业奖金。大赛致力于为大学生和青年创新人才搭建国际交流平台，共

吸引了 400 所高校的 1295 支代表队汇聚太湖之滨，还邀请到"一带一路"沿线的印度、柬埔寨、印度尼西亚等国家和地区的高校代表团参赛。

2017 年 9 月，第八届中国大学生服务外包创新创业大赛在无锡江南大学成功举办。北京大学、上海交通大学等高校的 16 支团队获得企业命题组一等奖，厦门大学、南京中医药大学等高校的 6 支团队获得创业实践组一等奖，西藏大学、中南大学、浙江财经大学的 3 支队伍获得最具创新力奖。大赛吸引了国内（含台湾地区）乃至"一带一路"沿线的柬埔寨、印度尼西亚、马来西亚等国家和地区共近 400 所高校的 1844 支团队参赛，参赛规模再创新高。本届大赛在竞赛国际化和平台化等方面取得了新的突破，涌现出一大批高质量的获奖作品，对促进服务外包人才的培养和服务外包产业的发展产生了重要意义。中国大学生服务外包创新创业大赛日益成为我国高等院校教育改革的"推进器"、人才培养的"播种机"和产业发展的"宣传队"。

6. 中国妇女创业创新大赛

2017 年 5 月，由中华全国妇女联合会和浙江省人民政府主办的首届中国妇女创业创新大赛启动，共收到来自 31 个省区市和新疆生产建设兵团的共 1242 个参赛项目，经过初赛、复赛的层层筛选，最终决出 30 强进入大赛总决赛。本次大赛中有 20 个省区市举办了地区选拔赛，通过网络自荐、高校举荐、妇联推荐等多种方式，共有 56 万名妇女参与了本次大赛，获得社会总投资 12.5 亿元，激发了广大妇女的创新精神和创业活力，凝聚和传递了女性创新创业的正能量。

7. 中国农业科技创新创业大赛

中国农业科技创新创业大赛是由科技部农村科技司等多家国家单位主办，旨在创造风险投资与农业科技创业团队对接的范例，培育用现代服务业引领推动现代农业产业发展的生态环境。大赛面向对象为全球范围内优秀的农业科技创业领域的个人、团队和企业，并按参赛对象分为企业成长组和初创项目组两个类别。

8. 国际大学生 iCAN 创新创业大赛

国际大学生 iCAN 创新创业大赛（"International Contest of innovation"，简称 iCAN 大赛）暨中国选拔赛，是由国际 iCAN 联盟、教育部创新方法教学指导分委员会和全球华人微纳米分子系统学会联合主办，北京大学承办的面向大学生创新创业的年度竞赛，是教育部质量工程支持项目之一。

iCAN 大赛始于 2007 年，于 2010 年成为国际赛事，每年在几十个国家中举行，面向全国高等院校及科研院所的所有专科、本科、硕士及博士研究生。参赛者均需以 2~4 人的团队形式参赛，可跨赛区和学校组队参赛。参赛作品均需为学生的原创作品，且需为可以演示和操作的创新应用系统。大赛开办至今，吸引了中国大学生创业创新人群的广泛关注。大赛秉承"自信、坚持、梦想"的精神，倡导科技创新创业服务社会、改善人类生活，引导和激励高校学生勇于创新，寻找和培养一批有作为、有潜力的优秀青年创新创业人才，促进和加强以物联网、智能硬件等为代表的高科技领域的产学研结合，推动高科技产业的发展，为高科技创新创业搭建国际层面的交流平台。

思考与练习题 4

1. 请思考，在选择项目时我们应该考虑哪些因素？
2. 你最无惧和最担心的创业风险分别是什么？
3. 现在让你创业你会选择什么项目，在选择时运用的方法是什么？
4. 现在的你和十年后的你创业是否会选择同一个项目，理由是什么？
5. 收集"创青春"中国青年创新创业大赛、中国"互联网+"大学生创新创业大赛、中国创新创业大赛中的各一项获奖作品，分析其能够获奖的原因。

第 5 章

网 络 创 业

教学导航

➢ 大学生创业特点与网络创业的优势

➢ 常见的网络创业平台

➢ 网络创业需要的素质与技巧

5.1 大学生创业特点与网络创业的优势

5.1.1 大学生创业的现状

创业是一个发现和捕捉机会并由此创造出新颖的产品、服务或实现其潜在价值的过程。它的最终结果是创造社会财富，带动经济和社会的发展。从人类社会有经济活动开始，创业就已经产生了，可以说创业是任何社会发展阶段都必不可少的经济活动。中国目前的经济处于高速发展阶段，创业无疑是推进中国经济持续发展的一个重要因素。在中国的创业进程中，大学生是创业大军中的一股强有力的后备力量，大学生创业是提高个人素质，促进社会经济发展的有效途径。此外，目前中国就业形势严峻，大学生自主创业，既能创造社会财富，也能提供就业岗位，缓解中国的就业压力。

中国大学生创业的历史可以追溯到改革开放之初，而广泛意义上的大学生创业则是在1998年清华大学举办的首届大学生创业设计大赛之后迅速发展起来的，大学生的加入为创业大军注入了一股新的活力。在当今的社会经济状况下，大学生创业相比过去面临更多的市场机会，同时，大学生创业的动机也有了一定的变化。在大学扩招以前的很长一段时间里，大学生的就业状况是良好的，创业被认为是摆脱工作束缚，使个人价值得到更大的发挥，从而达到理想彼岸的金光大道。而现在，除了对自我实现的要求，大学生也渐渐开始用一种更为平和的心态来面对创业，很多人产生了为自己工作的想法，从而开始创业。

除了受大学生自身因素的影响，创业环境的变化也同样对大学生创业产生了很大的影响。近年来，伴随着高校持续扩招和金融危机的影响，我国大学毕业生就业压力越来越大。在此情况下，党和政府已经把鼓励、促进大学生创业作为缓解就业压力的措施之一。尤其是近年来，国家相继出台了一批鼓励大学生创业的优惠政策，各地政府部门推出了针对大学生创业的创业园区、创业教育培训中心等，国内众多高校也纷纷创立了自己的创业园，为学生的创业提供支持，以此鼓励大学生自主创业。在各种条件不断完善的前提下，大学生通过创业将机会转化为现实的可能性增大了。并且，大学生作为创业大军中的一个特殊群体，他们拥有比较高的文化水平、容易接受新鲜事物、各种羁绊较少，所以能够轻装上阵地去创业。但相比之下，由于大学生涉世不深、缺乏各种经验、资本积累薄弱等原因也容易导致大学生创业的夭折。目前来看，大学生创业的成果并不是十分乐观的。在所有自主创业的大学生中，首次创业成功的比率是非常低的。从大学生创业的低成功率来看，大学生创业确实存在着一些问题。

5.1.2 大学生创业的特点

1. 缺乏创业经验

首先，大学生对市场需求的理解不深。由于学生这一身份的限制，大学生对各个行业的动态发展及商业信息把握不准，不能全面了解创业行情并进行理性的风险分析，因此找不到合适的自我创业方向，可能会导致创业者对于一些热门行业盲目跟从。此外，大学生缺乏创业的基本常识，如注册企业、进行贷款、办理各种工商手续、了解相关的法律常

识、掌握创业方式和技巧、清晰首次创业所需的条件及各类注意事项等。这些基本常识的缺乏加大了大学生创业的困难程度，甚至有可能由于中间的某个环节没有做好而导致创业的失败。

其次，大学生创业可选择的行业面窄。在已经成功创业的大学生中，多数人选择了和自身专业相关的行业，这些行业大多属于高科技领域，如软件、网络等领域，而对小规模的生活类领域行业涉及较少。但有些并不被大学生青睐的行业恰恰具备启动资金少、容易开业且风险相对较低的优势。

第三，大学生对于创业方式的选择相对单一。在首次创业的毕业生中，由于经验的缺乏和对风险的考虑，很多人选择了合伙创业。在对合伙人的选择中，很多人选择了自己的朋友和同学。而这些合作者的知识、经验等各方面与创业者相似，创业合作者之间缺乏知识和能力上的互补，在决策中容易出现偏差。

2. 创业教育薄弱

所谓"创业教育"是联合国教科文组织针对 21 世纪的教育实际，在《面向 21 世纪教育国际研讨会》上提出来的新概念。对于大学而言，创业教育主要是指以开发创业基本素质为目标，通过课程体系、教学内容和方法的改革、开展第二课堂以及开设创业课程、资金资助、提供咨询等方式，培养大学生的创业实践活动所必须具备的知识、能力以及创新意识和创业精神的教育。由于现实能力的欠缺，我国高校中的创业教育目前还处于起步阶段，其薄弱之处集中表现在以下两点：

一是缺乏创业意识教育。在大学生的培养过程中，缺乏创业思维和创新精神的教育。中国的创业教育大多采用统一的教育模式，知识结构较为单一，一般是以专业为中心、以教师讲授为主，缺乏对学生学习能力的培养，从而造成社会所需的具有良好的创业能力、鲜明的个性和创造性思维的人才严重不足。现在的大多数毕业生只能被动求职，缺乏自主创业的能力。

二是缺乏创业能力教育。大学生创业需要对创业决策和创业过程各种相关知识进行融会贯通的把握，还需要拥有组织、管理、处理人际关系等方面的技能。这就需要高校重视培养学生的创业精神，开设创业教育系列课程，传授创业知识和技能并开展创业教育活动，以培养学生创业所需的各种能力。

3. 资金困境

从现实的情况来看，目前制约大学生创业的一个很大的瓶颈就在于资金的缺乏。这体现在两个方面，一方面，有些毕业生有好的创业计划，但苦于没有足够的启动资金，因而迟迟不能展开创业活动；另一方面，一些已经创业的毕业生由于创业过程中缺乏资金而导致抗风险能力减弱、竞争力不强，最终导致创业失败。大学生创业表现在资金方面的困难，不仅在于资金的获取，也在于资金的使用。学生创业吸引投资存在三个误区：第一，是急于得到资金，为了得到投资让出大部分股份，贱卖赖以生存的技术或创意；第二，在引入风险投资的时候，即便投资人不能提供增值性服务和指导，仍无奈地选择与其合作；第三，对风险投资不恰当的使用。这些误区都会不同程度地影响大学生创业者在资本市场的竞争力和信用，从而影响到后续融资的可行性。

4. 观念制约

观念制约是大学生创业中的普遍情况，根源是有一些消极观念没有被消除。有不少人的官本位思想较为严重，自古以来人们认为"学而优则仕"，即读书的目的是当官。现在每年的公务员考试总是异常火暴，有些地区参加考试的人数多于录用人数的数十倍乃至百倍。此外，许多家长对子女的期望值过高，希望孩子毕业后能找到一份体面的工作，在创业各项条件有限的情况下并不支持子女创业。观念上的制约因素直接导致了大学生的创业意愿较低，但以中国目前的社会经济状况来看，社会是适合创业也是需要创业的。

5.1.3 网络创业的优势

1. 所需成本低

对于网络创业者来说，如果不是开展很大的项目，创业启动资金需求便不是很大，网络创业可以节省较多的电话费和房租。在创业初期，没正式注册公司之前，也不必为零碎的收费税务而烦恼。

2. 人员组成简单

很多创业者在创业初期都是白手起家，一人就能包揽所有职务，因为在创业初期基本一个人就可以应付各种事情，不需要为员工费用担心。

3. 风险系数低

就算创业失败，创业者也不必害怕。因为创业初期的投入并不高，创业者翻身的机会很大。因此创业者可以放手尝试而不必害怕失败后有过大的损失。

4. 利润丰厚

如果创业初期取得了成功，并且沿着正确的发展道路走下去，那就很容易实现盈利。不过创业者在赚了第一桶金后千万不要骄傲。这个时候创业者一定要准确把握市场动态和竞争对手的发展趋向，及时调整发展战略。

5.2 常见的网络创业平台

5.2.1 淘宝网

1. 基本情况

阿里巴巴集团于 2011 年 6 月 16 日宣布，旗下的淘宝公司将分拆为三个独立的公司，即沿袭原 C2C 业务的淘宝网，平台型 B2C 电子商务服务商淘宝商城和一站式购物搜索引擎一淘网。

淘宝网成立于 2003 年 5 月 10 日，由阿里巴巴集团投资创办。目前，淘宝网是亚洲第一大网络零售商圈，其通过社区、圈子等方式来增加网购人群的黏性，并且经常上线新的网购模式，让消费者非常满意。淘宝网目前的业务包括 C2C（Consumer to Consumer，消费者对消费者）、B2C（Business to Consumer，商家对消费者）两大部分。经过 6 年的发展，

截至 2016 年年底，淘宝网拥有注册会员近 5 亿人，每天有超过 6000 万人的固定访客，阿里巴巴集团电商交易额（GMV）突破 3 万亿元人民币。

淘宝网整合了数千家品牌商、生产商，为商家和消费者之间提供一站式解决方案。淘宝网提供有品质保证的商品、7 天无理由退货的售后服务，以及购物积分返现等优质服务。

淘宝网提倡诚信、活跃、快速的网络交易文化，坚持"宝可不淘，信不能弃"的理念。淘宝网在为淘宝网会员打造更安全高效的网络交易平台的同时，也为更多网民提供就业机会。同时，淘宝网也全力营造和倡导互帮互助、轻松活泼的家庭式氛围。2005 年 10月，淘宝网宣布：在未来的 5 年内，将为社会创造 100 万人工作的机会。截至 2009 年年底，已经有超过 80 万人通过在淘宝网开店实现了就业，带动的物流、支付、营销等产业链上的间接就业机会达到 228 万个。淘宝网的出现将为整个网络购物市场打造一个透明、诚信、公正、公开的交易平台，进而影响人们的购物消费习惯，推动线下市场以及生产流通环节的透明、诚信，从而衍生出一个"开放、透明、分享、责任"的新商业文明。

2. 网站商品

淘宝网的商品数目在近几年内有了明显的增加，从汽车、电脑到服饰和家居用品，商品分类逐渐齐全，除此之外还设置了网络游戏装备交易区、虚拟货币交易区等商品分类。

3. 特色服务

淘宝网的会员在交易过程中能感觉到轻松活泼的家庭式文化氛围。比如消费者与商家的沟通工具——阿里旺旺。会员注册之后，淘宝网和阿里旺旺的会员名将通用，消费者可以通过阿里旺旺与商家及时地发送、接收信息。阿里旺旺具备了查看历史交易记录、了解对方信用情况、查看个人信息、查看头像、进行聊天等一般社交工具所具备的功能。

4. 安全制度

淘宝网注重诚信安全方面的建设，引入了实名认证制，并区分了个人用户与商家用户认证。两种认证需要提交的资料不一样，个人用户认证只需提供身份证明，商家用户认证还需提供营业执照，一个人不能同时申请两种认证。从这方面也可以看出淘宝网在规范商家方面所作出的努力。淘宝网还引入了信用评价体系，买家可以随时查看该卖家以往所得到的信用评价。

对于买卖双方在支付环节上的交易安全问题，淘宝推出了支付宝担保缴付款的发货方式，以此来降低交易的风险。支付宝适用于电脑、手机、首饰及其他单价较高的物品交易或者一切双方希望对安全更有保障的交易。当用户支付商品货款，通过淘宝的工行接口付款时，用户不用负担汇费。

5.2.2　易趣网

1. 基本资料

1999 年 8 月，主营电子商务业务的易趣网由邵亦波和谭海音创立。两人同为上海人，毕业于美国哈佛商学院。2000 年 2 月，易趣网首创 24 小时无间断热线服务模式，2000 年 3月至 5 月，易趣网与新浪公司结成战略联盟，并于 2000 年 5 月并购 5291 手机直销网，从

此开展网上手机销售业务，并使该业务成为易趣网的特色之一。2002 年，易趣网与 eBay 网结盟，更名为 eBay 易趣，并迅速发展成国内最大的在线交易社区。秉承着帮助任何人在任何地方能实现任何交易的宗旨，易趣网不仅为卖家提供了一个网上创业、实现自我价值的舞台，品种繁多、物美价廉的商品资源，也给广大买家带来了全新的购物体验。

2006 年 12 月，eBay 易趣网与 TOM 在线合作，通过整合双方优势，凭借 eBay 公司在中国电子商务领域的经验以及对本地市场的深刻理解，2007 年两家公司推出了为中国市场特别定制的在线交易平台。新的交易平台带给国内买家和卖家更多的商机，也促进 eBay 易趣网在中国市场的纵深发展。

2010 年 2 月，eBay 易趣网正式推出海外购物业务，为买家提供代购美国购物网站商品的服务。

2. 基本功能

在易趣网的平台上，所有的交易将通过易趣网收取登录和交易服务费。易趣网在商品搜索功能中增加了热门搜索选项，这使买家的选择余地更大。易趣网在"我的易趣"中设置了"纠纷处理平台"功能来解决买卖纠纷。

3. 交流工具

易趣网提供给用户的交流工具是"易趣助理"，它的功能与淘宝网阿里旺旺的即时交流功能不同，易趣助理主要为卖家提供更方便的上货服务。

4. 安全性

用户在注册易趣网时需要填写电子邮箱，等注册完毕，网站会发一封邮件到用户的注册邮箱中，用户按照邮件规定的步骤就可以轻松实现注册的全过程。不过，用户注册完毕后，还有一个实名制认证的过程，这是决定用户是否能获得网上交易权利的重要环节，没有通过认证注册的会员只能享受购买部分物品的权利。

5.3 网络创业需要的素质与技巧

5.3.1 网络创业需要的素质

1. 找准定位

《孙子兵法》云："知己知彼，百战不殆。"创业者除了要了解竞争对手的情况以外，更要认清自己的定位和方向、找准自己的位置，明白自己可以做什么、能做成什么，充分理解自己所做的事业，然后量力而为、循序渐进，努力打造属于自己的核心竞争力和独特优势。如果创业者陷入好高骛远、急功近利或盲目跟风的漩涡，只会失去商业理性和生存智慧，从而导致创业失败。

2. 不言放弃

创业就是冒险，失败和困难总会如影随形。但凡事不要轻易放弃，因为成功往往就在失败的另一侧。如果你选定了某个项目就一定要坚持做下去，创业最忌朝三暮四。当然，

我们并不是说创业要盲目地干下去，而是不要一心二用，今天做这个、明天做那个，一天一个新花样。所以在创业的准备阶段一定要考虑清楚，要全面考察创业方案的可行性，一旦着手去做就要按照预定目标走下去，不到万不得已的时候不要轻易放弃。在面对突如其来挑战的时候，创业者一定要保持开放心态，因为坚持是成功创业的根本特征。随着互联网的发展，网络经济已经走向明媚的春天。

3. 头脑和眼光

创业者必须要拥有突出的专注度和韧性。创业过程中创业者要手、眼、脑并用，眼观六路、脑思八方，切忌闭门造车。创业者要保持灵活的头脑，网络上可谓商机无限，也许一个很小的机会就会带来大量的利益。创业者的眼光一定要敏锐，要及时关注市场变化，随时准备根据市场调整业务策略。

4. 拥有自信

自信是一切工作的关键。对于新创业的小经营者来讲，人们买的除了产品还有经营者的素质。经营者要学会推销自己，用自己的自信、真诚、专业、周到、智慧、勤奋和专注等特点获取更多客户的信任，从而达到吸引客户的目的。

5.3.2　网络创业的技巧

1. 降低创业成本

创业成本一般包括资金、资源和精力三种。首先，融资要视自己的偿付能力而定，不能盲目求大，因为新创企业的成功率比较低。不要把鸡蛋放在同一个篮子里，创业者在创业的同时必须优先保证自己的生活，孤注一掷太过冒险。

其次，尽可能将一切工作在计算机上进行，从而减少资源浪费，并提高工作效率。另外，创业者要保持专注和灵活，尽量减少创业麻烦，减少人为和环境的干扰，例如避免邀请非正当合伙人等。

2. 找准创业项目

在进行创业之前，创业者需要知道的最重要的东西应该是"如果我开发了这个产品，有人会花钱购买它吗？"换句话说，就是自己想要销售的产品在市场上会不会有销路。初创企业倒闭最常见的原因就是缺少资金，但其实这只是一个症状，而不是根本原因。根本原因则是创业者创造了一个没人想要购买的产品，从而使企业既无法获得顺畅的现金流，也无法从投资人处获得融资。测试一个产品是否会得到市场的接受最好的方法就是在开始工作之前进行试水，例如接触潜在消费者并请他们进行问卷调查、尝试预售，进行众筹融资等。

创业者要用独到的眼光来观察世界，寻找新的盈利点，应防止东施效颦的情况出现。创业者需谨记，如果永远都跟在别人的屁股后面走路，那么得到的将永远是前面的人弃而未用的赝品。当然，我们不反对模仿，但我们应该想清楚这个人为什么要选择那条路，而不是这个人走的是哪条路。如果我们能够分析清楚他人判断问题的思维方法和技巧，我们将会收获更多。

3. 学会应对困难和危机

大多数小型企业需要做与大型企业一样的工作，只不过小企业的创始人需要扮演多个角色。但是因创始人的时间精力有限，所以可以考虑将一些不涉及公司核心技术的外围工作进行外包，例如簿记和书写财务报表等工作。这样能让创业者将更多的精力专注在最重要的工作上来引领企业获得成长。

面对创业道路上的重重艰险，创业者必须懂得如何应付各种危机，有策略性地保护自己的商业利益。因为对于创业者来说，利益始终是企业安身立命的根本和运营发展的主线任务。创业者只有应对好创业道路上的各种危机并保护好自己的商业利益，才能真正让企业更好地生存和可持续的发展。

4. 组建有执行力的团队

在创业过程中，各类创业者南辕北辙、浪费资源的教训数不胜数，所以创业者要做好企业定位，把握好企业发展的方向，制订明确的前进目标和计划并通过有执行力的团队去执行。创业者只有把握好企业发展的方向，相信自己、信任团队、大胆创新、积极进取，将公司的决策贯彻并实现出来，才能将事业顺利推向成功。

5. 做好客户服务

创业初期，一切都是从零开始。创业者在对待客户时一定不能吝啬，要尽力让客户满意，提供超越客户期望的服务和价值，从而积累人气、积攒客户。

创业者应了解潜在客户，并制订出与他们取得接触的计划。很多时候，创业者成立企业之前并没有考虑过这个问题，创业者不知道自己的产品有没有受众人群，也不知道市场对自己的产品有没有需求。而如果创业者能够找准市场需求，就可以尝试着与潜在客户进行接触。此工作的时间最好为创业者原预计时间的两倍。例如创业者原本预计与潜在客户进行 3 个月的接触，那么在实际工作中，这个接触时间最好为 6 个月。

6. 进行过程监控

一个企业的存在，是为了给社会中的一部分人提供价值，并且为企业的股东创造回报。衡量一个企业是否完成了这个工作，最好的指标就是净营收。创业者应不断监测企业的基本数据，例如营收和开销数据，以此帮助创业企业获得健康的利润。

故事分享：社群电商爆发，全球时刻公司店主获赠特斯拉跑车

2017 年 3 月 10 日，全球时刻公司 CMO 陈科强亲手将特斯拉全球首款限量版电动敞篷跑车的钥匙交给全球时刻首期财富训练营优秀店主何红政手中，并在下午正式完成交付轿车仪式。

何红政激动地说："当初在全球时刻网开店的时候，仅仅就是想让自己在全球时刻购物的时候能有个折扣，不曾想经过 21 天的财富成长计划，让自己从互联网'小白'变身成为营销专家，还获得了首期财富训练营优秀店主的称号。"

据悉，财富训练营又叫财富成长计划，由全球时刻公司斥巨资成立顶尖导师团队并定制全套免费课程，再由导师带领各位店主进行为期 21 天的免费学习。为了让"小白"迅速成长为营销大咖，导师团队设计了微商初级课程和微商 MBA 营销课程，即使是零基础的

"小白"，也能迅速地成长。

　　为了更好地激励营销"小白"的成长，公司还设有丰厚的奖励激励机制。此次的特斯拉跑车就是第一期财富训练营的特别大奖。

　　如今，全球时刻网吸引着许多创业者的加入，他们中不乏想要创业但缺乏时间、精力和资本的家庭主妇，也有很多奋斗在各个岗位上却又不甘平凡的家庭支柱，还有很多 90 后大学生。他们利用闲暇时间在全球时刻网上进行创业，或兼职、或专职，不仅收获了经济上的效益，也积累了丰富的社会阅历及创业经验。

　　全球时刻网上有大量美妆、日用、母婴用品、健康食品等高品质的正品商品，消费者既可以在上面购买商品，也能注册成为全球时刻网的店主，享受强大的海外正品货源、一件代发等无忧零售体系。也就是说，只需要一部手机，创业者就可以开启创业之路。

　　全球时刻网作为全民创业平台，顺应互联网潮流、微信电商营销模式的崛起，为许多人提供了创业的梦想和机会，也让更多的人拥有实现财富梦想的机会。

（2017-3-17 来源：创业网）

思考与练习题 5

1. 结合自己的情况分析在网络创业这一模式中有哪些优、劣势？
2. 分析淘宝网的创业模式，总结其成功的经验。
3. 思考大学生进行网络创业需要做哪些准备？

第6章

企业的设立

教学导航

> ➤ 创业团队的组建

> ➤ 创业资金的获取途径

> ➤ 设立企业的流程与要求

6.1 创业团队的组建

创业团队是指在创业初期由一群才能互补、责任共担、愿为共同的创业目标而奋斗的人组成的特殊群体。

共同创业有利于分散创业的风险，通过团队成员之间的技能互补可提高驾驭环境不确定性的能力，从而降低新创企业的经营失败风险。更重要的是，共同创业具有更强的资源整合能力，能同时从多个融资渠道获取创业资金等资源，保证创业的顺利进行。

6.1.1 创业团队的组成要素及类型

1. 创业团队组成要素

1）目标

创业团队应该有一个共同的既定目标，让大家明确知道要向何处发展。这个目标在创业企业的管理中一般以创业企业的远景、战略等形式体现出来，可以说没有目标的团队就没有存在的价值。

2）人

人是构成创业团队的最核心的力量。三个及三个以上的人就形成了一个群体，当一个群体有了共同的奋斗目标就形成了团队。在一个创业团队中，人力资源是所有创业资源中最活跃、最重要的资源。创业时应充分调动创业者的各种资源和能力，将人力资源进一步转化为人力资本。

3）创业团队的定位

要明确创业团队在行业中处于什么位置，要明确团队成员在创业团队中扮演的角色，谁制订计划、谁具体实施计划、谁出资、谁管理等。

4）权力

创业团队中领导者的权力大小与其团队的发展阶段和创业实体所在行业相关。一般来说，创业团队越成熟，领导者所拥有的权力相对越小。在创业团队发展的初期阶段，领导者权力相对比较集中。

5）计划

按计划进行创业可以保证创业的顺利进行，只有在计划的指引下创业团队才会一步一步地贴近目标，最终实现目标。同时，在制订计划时需要制订一系列具体的行动方案，以及具体工作程序的实施计划。

故事分享：E 创业团队的成功创业

"会成功才会奋斗！"，带着这样的思想和精神，E 创业团队成为华中科技大学最成功的创业团队之一。

E 创业团队在 2007 年 10 月成功投标韵苑报亭，报亭于当年 11 月正式开业，于当年 12 月 7 日被授予"华中科技大学大学生创业实践基地"称号。因为价格实惠，他们的打印复印

业务深受同学们的好评。在韵苑报亭获得成功后，E 创业团队成立了易购科技有限公司，主要经营 IT 领域的电子商务交易平台的建设和软件开发项目，以及根据客户的需求发展更多的业务。E 创业团队的 CEO 赵晓明说："我们打算最迟在半年后开放公司旗下的易购网上面的商城平台，短期目标是于下一年的 11 月占领整个华中大市场，长期目标是把公司的业务扩张到全国高校，创建像淘宝网、阿里巴巴网一样的大型电子商务网站。"

在总结自己的创业经验时，赵晓明说："创业是一种对心境的考验和磨炼，只有正确地面对创业的过程，我们才能真正体会到它的深刻涵义。我们应该让自己的激情和热血为创业沸腾！另外，创业除了有好的想法和激情，还需要吃苦耐劳以及顽强拼搏的精神！只有坚持、坚持、再坚持，我们才能走向成功！"

2. 创业团队的类型

依据创业团队的组成者来划分，创业团队有星状创业团队、网状创业团队和从网状创业团队中演化而来的虚拟星状创业团队。

1）星状创业团队

一般在团队中有一个核心人物充当领队的角色。这种团队在形成之前，一般是核心人物有了创业的想法，然后根据自己的设想进行创业团队的组织。因此，在团队形成之前，核心人物已经就团队的组成进行过仔细思考，根据自己的想法选择相应人员加入团队，这些团队成员在企业中更多时候是支持者的角色。

星状创业团队的特点如下：

（1）组织结构紧密，向心力强，主导人物在组织中的行为对其他个体影响巨大；

（2）决策程序相对简单，组织效率较高；

（3）容易形成权力过分集中的局面，从而使决策失误的风险加大；

（4）当其他团队成员和主导人物发生冲突时，因为核心主导人物的特殊权威，其他团队成员在冲突发生时往往处于被动地位，在冲突较严重时，其他团队成员一般都会选择离开团队，因而对组织的影响较大。

星状创业团队的典型实例：如太阳计算机系统公司（Sun Microsystems）最初创立时就是由维诺德·科斯拉确立了多用途开放工作站的概念，接着他找到比尔·乔伊和安迪·贝克托森两位分别在软件和硬件方面的专家，以及具有实际制造经验和善于人际技巧的斯科特·麦克尼里，以此组成了公司的创业团队。

2）网状创业团队

网状创业团队的成员一般在创业之前关系密切，比如同学、亲友、同事、朋友等。一般是在交往过程中，共同认可某一创业想法，并就此达成共识后，开始共同创业。在创业团队组成时，没有明确的核心人物，大家根据各自的特点进行自发的角色定位。因此，在企业初创时期，各位成员基本上扮演的是"协作者"或者"伙伴"角色。

网状创业团队的特点如下：

（1）团队没有明显的核心，整体结构较为松散；

（2）组织决策时，一般采取集体决策的方式，通过大量的沟通和讨论达成一致意见，决策效率相对较低；

（3）由于团队成员在团队中的地位相似，因此容易在组织中形成多头领导的局面；

（4）当团队成员之间发生冲突时，一般都采取平等协商、积极解决的态度消除冲突，团队成员不会轻易离开。但是一旦团队成员间的冲突升级，使某些团队成员撤出团队，就容易导致整个团队的涣散。

网状创业团队的典型实例：如美国的微软公司，它是由比尔·盖茨和童年玩伴保罗·艾伦发起组成；惠普公司是由戴维·帕卡德和他在斯坦福大学的同学比尔·休利特等人组成。

3）虚拟星状创业团队

虚拟星状创业团队是由网状创业团队演化而来的，基本上是处于前两种形式之间的中间形态。在虚拟星状创业团队中，有一个核心成员，但是该核心成员地位的确立是团队成员协商的结果，因此从某种意义上说核心人物是整个团队的代言人，而不是主导型人物。其在团队中的行为必须充分考虑其他团队成员的意见，不如星状创业团队中的核心主导人物那样有权威。

6.1.2 创业团队的互补

创业团队的互补是指由于创业者的知识、能力、心理等特征和教育、家庭环境等方面存在差异，通过组建创业团队来发挥各个创业者的优势，弥补彼此的不足，从而形成一个知识、能力、性格、人际关系资源等方面全面具备的优秀创业团队。

创业者需要什么样的创业团队，依赖于创业机会的性质和创业者的创业理念。形成一个团队的关键是创业者如何评价其创业战略。创业者要清楚企业团队的成员需要什么样的才能、技能、技巧、关系和资源，并认识到创业团队已经具备什么以及还需要补充什么。

1. 创业团队互补的意义

创业企业因为资金、技术相对不足，管理方面缺乏经验，要想获得成功必须付出更大的努力。而创业者高度重视创业团队间的组织设计也是创业中很重要的一点。

企业家往往更倾向于合伙创业，因为合伙创业有利于分散创业失败的风险，并通过团队成员之间的技能互补，来提高企业家驾驭环境不确定性的能力，从而降低新企业的经营失败风险。更重要的是合伙创业具有更强的资源整合能力，这种方式能同时从多个融资渠道获取创业资金。

2. 创业团队的角色要求

在创建一个团队的时候，除了要考虑成员间的相互关系，更重要的是考虑成员之间的能力或技术上的互补性，包括功能性专长、管理风格、决策风格、经验、性格、个性、能力、技能等特点的互补，以此来达到团队的平衡。

不同的角色在团队中发挥着不同的作用，一个创业团队要想紧密团结在一起，各种角色的人才都不可或缺。

（1）创新者提出观点。没有创新者，思维就会受到局限，点子就会匮乏。创新是创业团队生产、发展的源泉，不仅企业开发需要要创新，企业管理也需要创新。

（2）实干者运筹计划。没有实干者的团队会显得比较乱，"千里之行始于足下"，有了好的创意还需要靠实际行动去实践。实干者在企业人力资源中应该占较大的比例，他们是企业发展的基石，没有实干者企业就没有竞争力。

（3）凝聚者润滑调节各种关系。没有凝聚者的团队其人际关系会比较紧张，发生冲突的情形会更多一些，团队目标的完成可能会受到冲击，团队的寿命也将缩短。

（4）信息者提供准确的信息。当今社会，信息是企业发展必备的重要资源之一，创业团队要在社会中生存和发展，需要准确、及时的信息支持。

（5）协调者协调各方利益和关系。协调者除了要有权力性的领导力外，更要有一种号召力来帮助领导树立个人影响力。

（6）监督者监督决策实施的过程。没有监督者的团队会大起大落，做得好会大起，做得不好也没有人去发现问题，这样就会大落。监督者能够使创业团队健康成长。

（7）完美者注重细节，强调高标准。虽然在创业初期，不必过于追求完美。但在企业逐渐成长的过程中，完美者要迅速地发挥作用，弥补企业中的缺陷，为把企业做大做强打下坚实的基础。

（8）专家为团队提供指导。一个企业若没有专家，业务就无法深入发展，企业的发展也将受到限制。

> **案例分享：复星集团创业团队的角色互补**
>
> 复星集团的创业团队中 5 个人各有所长。董事长郭广昌是哲学专业毕业，具有"讷于言，敏于行"的沉稳和"无为而无不为"的城府。副董事长梁信军的身上有一股团委干部的影子，精于人事、善于驭人，他与郭广昌的沉稳、讷言形成了鲜明的对比，因此也成为郭广昌最早的拍档。有了好的战略方向，没有人来执行也成不了大事业。"没有汪群斌和范伟就就业业地为公司操劳，复星集团就没有今天。"梁信军如此评价。范伟略显沉默，也极少在媒体露面，不过他麾下的复地集团在房地产行业中倒是做得如火如荼。"他做的比说的要多。"梁信军评价道。而汪群斌无论是说话还是做事，都是 5 个人中比较全面和平稳的一个，他较为擅长组建"联合舰队"般的企业团队，在制造业上较有优势。当面对许多如政府公关此类的事务时，谈剑的特殊优势则发挥了出来。团队中的每个人在各自的产业板块都是不可或缺的人物，梁信军、汪群斌、范伟、谈剑都在各自负责的领域中形成了相当的权威。身为董事长，郭广昌可以对他们的想法提出异议甚至否决，却无权代替他们做出任何决策。

6.1.3 组建创业团队的要求

1. 知己知彼

在创业团队中，团队成员如果能清晰地认识到自身的优劣势，同时对其他成员的长处和短处也一清二楚，就可以很好地避免团队成员之间因为相互不熟悉而造成的各种矛盾、纠纷，从而迅速提高团队间的向心力和凝聚力。同时，团队成员之间相互熟悉也有利于成员之间对工作的合理分配，从而最大限度地发挥各自的优势。

马云所谓的"唐僧团队"形象地说明了优势互补的道理。唐僧是一个好领导，他知道孙悟空要管紧，所以要会念紧箍咒；猪八戒的小毛病多，但不会犯大错，所以偶尔批评批

评就可以；沙僧则需要经常鼓励一番。这样，一个明星团队就成形了。

2. 能胜任的带头人

在创业团队中，带头人的作用至关重要。他们就如同在大海航行中掌控着巨轮的舵手，指引着创业团队的方向。

创业团队中必须有可以胜任的领导者，而这种领导者，并不是单单靠资金、技术、专利来决定的，创业团队的领导者应是团队成员在共事过程中发自内心认可的，并且在创业团队中有巨大的、无形的影响力和一呼百应的气势和号召力的。

3. 正确的理念

创业者要坚信组织能够顺利发展下去，相信创业团队一定能够获得成功。不要一开始就想着失败，尤其不要用那些"经典"的理论如"只能共苦，不能共甘""天下没有不散的筵席"等来支配自己的思想和行动，创业者应该树立坚定的信念以及正确的理念。

4. 责、权、利统一的管理机制

俗话说："没有规矩不成方圆。"在创业最开始时创业者应把该说的话说清楚，该立的字据立好，不要碍于情面。创业者应该把最基本的责、权、利与团队成员说得明白透彻，尤其是利益分配方面更要说清楚，这样在企业发展壮大后，才不会出现因利益、权利等分配问题产生团队之间的矛盾，导致创业团队的涣散。

能使创业团队稳定发展的 8 招：

（1）要有正确的创业理念；
（2）要与团队成员持续不断地沟通；
（3）发现"小人"钻空子，绝不容忍；
（4）遇到问题就事论事；
（5）事先将利益分配与团队成员说清楚；
（6）遇到矛盾及时协调；
（7）不要过于计较小事；
（8）要一直向前看。

6.2 创业资金的获取途径

6.2.1 筹资的重要性与要求

1. 筹资的重要性

创业离不开资金的支持，一个企业在创立之初对资金的需求是巨大的。企业在创业之初的筹资是企业所面临的最初筹资，能否筹集到资金非常重要。筹资成功，企业就拥有了发展的机会；筹资失败，创业就面临失败。

很多时候，开办企业所需要的启动资金往往需要同时从多个渠道同时筹集。创业启动资金可以是创业者的自有资金，没有自有资金的创业者在企业中很难获得外部投资者的信

任。但自有资金往往是有限的，如果自有资金不能满足创业启动资金的需要，就必须想办法通过其他途径进行筹资。

> **知识分享：中国青年创业国际计划带动创业**
>
> 中国青年创业国际计划（Youth Business China，简称 YBC）是共青团中央、中华全国青年联合会在借鉴英国青年创业国际计划的项目基础上发起引进的一个国际项目，于 2003 年 11 月启动。YBC 通过动员社会各界 18～25 周岁、有创业潜质的青年提供导师辅导以及资金、技术和网络支持等，帮助他们创业。经过多年的实践，该项目已经在中国培育存活，并在探索适合中国本土化特色方面进行了创新，现已在北京、上海、山东、陕西、福建、云南和四川等地设立了地方办公室，扶持青年创业项目，涉及中式餐饮、DV 拍摄、手工设计制作、小百货连锁、家政服务等许多行业。

2. 筹资基本要求

创业者在进行创业筹资时，需着重注意以下几个问题：

1）正确预测资金需求量

资金不足，会影响企业生产经营和投资活动的正常进行；资金过剩，则会造成资金的闲置浪费，增加筹资成本，增加财务风险。所以，创业者需要根据企业生产经营和投资的需要，按照合理、按需使用资金的原则，正确预测所需筹集资金的数额。资金要既及时、适度地满足生产经营或投资的需要，又不造成浪费。

2）寻求合适的筹资机会

创业者要经常分析宏观经济形势、货币及财政政策等情况，及时了解国内外利率、汇率等金融市场的信息，预测影响筹资的各种因素，以便寻求合适的筹资机会，做出正确的筹资决策。

3）合理选择筹资方式

不同的资金来源会形成不同的筹资成本，即使是同一资金来源，因筹资方式的不同，筹资成本也会随之变化。因为筹资成本是影响企业筹资效益的重要因素，所以在企业筹资前创业者应认真地比较各种资金来源的筹资成本，合理选择筹资的渠道和方法。

4）重视资金构成比例

筹资风险主要来源于创业资金的性质、用途、期限和效益。在筹资过程中，创业者需要根据项目生产经营的特点、市场的供求状况、资金使用率的高低、利息变动的程度等因素，合理确定自有资金与借入资金、流动资金与储备资金、长期资金与短期资金的比例，以提高资金的增值能力，减小筹资风险。

5）树立良好的筹资信誉

无论是吸引投资者投资，还是向金融机构借款或向社会进行筹资，都必须以良好的企业形象和商业信用作为前提。创业者在经营活动中必须注重信誉，如果经常拖欠债务就会丧失信用，将会给筹资带来困难。

故事分享: 阿里巴巴被投资的故事

一个青岛商人每年都会从韩国进口一种设备,但他认为设备的产地其实就在中国,但却始终无法找到。后来他偶然发现了阿里巴巴网,便在上面发了一条求购信息,不料在几天之内他就与该设备的中国厂家联系上了。令他惊奇的是,该厂家竟然就在青岛。这件事一传十,十传百,阿里巴巴在商圈中声名鹊起。这一事件引起了华尔街各家公司的注意,随后以华尔街高盛公司为首的多家公司毫不犹豫地向阿里巴巴投入了 500 万美金。后来,日本软银公司的董事长孙正义要求与马云见面,面谈仅 6 分钟,孙正义就说:"马云,我一定要投资阿里巴巴公司,而且是用我自己的钱!"2000 年 1 月,双方正式签约,孙正义向阿里巴巴公司投资 2000 万美元。

6.2.2 负债筹资

负债筹资指利用发行债券、银行债务和其他债务方式向债权人筹集资金。负债筹资获得的资金成为债务资金或债务资本。但负债筹资获得的只是资金的使用权而不是所有权,债务资金的使用是有成本的,债务人一般需要支付利息,到期必须归还本金。负债筹资在一些特殊情况下可能带来债权人对企业的控制和干预问题,但一般不会涉及企业的控制权问题。对初次创业的创业者来说,常用的方法是向亲朋好友借款和向银行贷款。

1. 向亲朋好友借款

向亲朋好友借款是个人筹集创业启动资金最常见、最简单且最有效的途径。因为新创企业的规模小、知名度低、所需要资金数量不大,难以吸引投资者和银行的资金。在中国,因为亲情、友情因素的存在,通过这条途径筹集创业资金会比较容易。但是向亲朋好友借款创业也会给亲朋好友带来资金风险,尤其在经营困难的时候可能会因不能按期归还资金而使双方关系紧张,甚至出现给亲朋好友带来经济损失的情况。因此,为了能够取得亲朋好友的支持,创业者应该向亲朋好友说明创业计划的可行性和预期收益,说明创业具有一定的风险性,并主动给亲朋好友写下书面借据或书面借款协议,规定双方的权利与责任,定期通报个人创业的进展情况。创业者要注意,应按时归还筹集资金,提高个人信用,以免在创业可能失败时因亲朋好友担心收不回自己的钱款而伤了感情,影响双方关系。

2. 向银行申请贷款的方式

向银行申请贷款的常见方式有以下几种。

1)抵押贷款

抵押贷款指借款人以其所拥有的财产作为抵押来获得银行的贷款。在抵押期间,借款人可以继续使用其用于抵押的财产。当借款人未按合同约定按时还款时,贷款人有权依照有关法规将该财产折价或者拍卖、变卖。抵押贷款一般分为以下几种类型:

(1)不动产抵押贷款。创业者可以用土地、房屋等不动产作为抵押,向银行获取贷款。

(2)动产抵押贷款。创业者可以用股票、国债、企业债券等银行承认的有价证券,以及金银珠宝首饰等动产作为抵押,向银行获取贷款。

（3）无形资产抵押贷款。无形资产抵押贷款是一种创新的抵押贷款形式，适用于拥有专利技术、专利产品的创业者，创业者可以用专利权、著作权等无形资产作为抵押或质押，向银行获取贷款。

2）担保贷款

担保贷款是指借款方向银行提供符合法定条件的第三方保证人作为还款保证，借款方不能按约定还款时，银行有权按约定要求保证人履行或承担清偿贷款的责任。担保贷款一般分为以下几种类型：

（1）自然人担保贷款。自然人担保可采取抵押、权利质押、抵押加保证三种方式。如果借款人不能按期偿还贷款或发生其他违约事项时，银行将要求担保人履行担保义务。

（2）专业担保公司担保贷款。目前各地有许多由政府或民间组织的专业担保公司，可以为包括新创企业在内的中小型企业提供融资担保。

目前，北京中关村担保公司、首创担保公司等属于政府性质的担保公司已在全国 31 个省的 100 多个城市建立了此类性质的担保机构，为中小企业提供融资服务。这些担保机构大多实行会员制管理的形式，属于公共服务型、行业自律型、自身非营利型组织。但担保公司为了保障自己的利益，往往会要求企业提供反担保措施，有时会派人员到企业中监控资金的流动情况。

（3）托管担保贷款。这是一种比较新颖的担保贷款形式。对于一些新创企业来说，虽然土地、厂房都是租赁来的，但可以通过将租来的土地、厂房经社会资产评估，并请托管公司托管的办法获取银行贷款。通过这种方法，企业既可以将暂时用不到的资产盘活，又可以获得一定量银行资金的支持。

3）项目开发贷款

如果创业者拥有具有重大价值的科技成果转化项目，初始投资数额比较大，企业自有资本难以承受，则创业者可以向银行申请项目开发贷款，银行还可以视情况为企业提供一部分流动资金贷款。此类贷款比较适合高科技创业企业。

3. 向银行申请贷款的程序

（1）贷款申请：借款人要填写《贷款申请书》，内容包括贷款数额、贷款用途、偿还能力和还款方式并在申请书后附上创业计划。创业项目的可行性和经济效益对能否获得贷款及获得贷款的数额起到十分重要的作用。

（2）借款人提供抵押品或质押品：抵押品或质押品可以是私人房产、银行存单、有价证券等。如果以私人房产作为抵押，要办理房产价值评估及公证等手续。银行等金融机构为了降低风险，一般不会按抵押品的实际价值计算贷款，而是确保抵押资产的价值高于贷款金额和未付利息。如果创业失败创业者无能力偿还贷款，借款人将失去个人抵押的资产。

（3）信用评估：根据借款人的领导素质、经济实力、履约情况、发展前景等因素对借款人进行信用等级评价，信用等级高的人将优先得到贷款。

（4）贷款调查：在银行受理借款人的贷款申请之后，要对借款人的合法性、安全性、盈利性等情况进行调查，并核实抵押品、保证人的情况，从而测定贷款的风险度。

（5）贷款审批：审查人员根据对调查人员各情况的核实和评定，提出贷款意见，并交给有关审批人员批准。

（6）签订贷款合同：所有贷款都要由贷款人和借款人签订借款合同。合同内容包括借款种类、借款用途、贷款金额、贷款利率、贷款期限、还款方式、负债双方的权利和义务、违约责任、纠纷处理及双方认为需要约定的其他事项。

（7）发放贷款：银行审核同意后按审定的金额发放贷款。

6.2.3　股权筹资

股权筹资是一种通过赋予投资者在企业中某种形式的股东地位进行融资的方式。股权筹资无需资产抵押，但投资者要分享企业的利润，并按照事先约定的方式获得资产的分配权利。与负债筹资相比，股权筹资不会为创业者带来债务负担，但会稀释创业者的股权，分享企业的权益回报。股权筹资主要包括合伙投资、风险投资和发行股票 3 种形式。对创业者来说，有效和常用的股权筹资方式是前两种。

1. 合伙投资

合伙投资是指按照"共同投资、共同经营、共担风险、共享利润"的原则，直接吸收单位或个人投资合伙创业的一种筹资途径和方法。

合伙投资可以有效地解决资金不足的问题，但要注意：一是要在确定合伙经营时确定好每个人的投资份额、应承担的权利和义务；二是要加强沟通和信任，否则容易产生误解和分歧，不利于合作关系的稳定。

故事分享：合伙投资小印刷厂

老刘与老李合伙办了个小印刷厂，一共投资了 10 万元，开始的 3 个月是老刘在负责，每个月有 7000 元左右的利润。正当老刘高兴的时候，老李说他老婆没事做，想到印刷厂去找点事做。老刘虽然答应了，但心里还是有点意见，认为这是对自己的不信任。老李的老婆是个外行，但偏喜欢指挥。她对老刘不放心，凡事都要再三地询问，而且也不顾场合，好像老刘是她的手下一般。另外，她还不和老刘商量就对客户提价，导致客户对印刷厂产生了很大的意见。老李的老婆来的第一个月，印刷厂的利润有 10000 多元，于是她更认为她的方法正确合理，也就变本加厉。但在那个月以后，印刷厂的利润就一直减少，8 月、9月、10 月的利润分别是 4500 元、5300 元、2100 元，而且还有继续减少的趋势，最后印刷厂只好倒闭。

2. 风险投资

风险投资是快速成长的新创企业的一个重要的筹资来源。风险投资公司为了追求高回报，通常会选择有高速成长潜力的企业投资，并参与到所投企业的管理中。因此，他们倾向于比银行承担更高的风险。在美国，风险投资公司的投资很少低于 50 万美元，所投公司平均在 5 年内每年的回报率会超过 50%。风险投资通常是权益性投资，并且会适时退出投资。

风险投资市场在国外已经发育成熟，如微软公司、苹果公司、英特尔公司、联邦快递公司，都是风险投资成功的例子。在我国，风险投资也开始迅速发展起来。新浪网、搜狐网等互联网企业也是凭借风险投资才得以迅速发展。

那么，创业者有了好的项目，该如何争取得到风险投资呢？

1）拟定创业计划书

（1）尽量详细描述产品的市场规模和前景；

（2）拟定创业计划书时应详尽介绍产品的独特之处；

（3）创业计划书的编写尽量完美。

2）寻找风险投资

在我国，风险投资市场虽然没有完全形成，但已经有了一定的规模。目前从事风险投资的企业有华登风险投资基金、北京太平洋技术创业投资公司、中国经济技术投资担保公司等。寻找风险投资者并与之取得联系的渠道和方式，主要有参加相关会议认识、利用互联网寻找、利用中介机构和熟人介绍等。

3）风险投资的合同谈判

如果创业者是第一次参加谈判，对谈判的技巧和法律细节不清楚，就有必要找一位熟悉风险投资的律师或咨询顾问帮忙。在与风险投资家的接触和谈判时，他们必然会提出各种各样的问题，因此创业者要事先思考他们关心的问题。风险投资者关心的问题一般在四个领域中，即企业的管理结构、产品与市场、产品独特性、创业计划与利益回报。

6.2.4 政策性贷款

政策性贷款是政府部门为了支持某一群体创业而出台的小额贷款政策（比如下岗失业人员小额贷款政策），同时也包括支持中小企业的发展而建立的许多基金，比如中小企业发展基金、创新基金等。此类政策性贷款的特点是利息低，微利行业政策贴息甚至免利息，偿还期限长甚至不用偿还，但是要获得这些基金必须符合一定的政策条件。

知识分享：江苏省对大学毕业生自主创业的政策鼓励

江苏省南京市毕业 5 年内的大学生自主创业者可以申请 3 万元到 5 万元的小额贷款，最高不超过 10 万元，对于合伙经营组织创业的，最多不超过 25 万元，贷款利率按中国人民银行公布的同期同档次基准贷款利率执行，贷款期限一般为 1 年，最长不超过 2 年；对自主创业从事微利项目的创业贷款，还本付息后，经市财政部审核确认后，给予全额贴息，非微利项目，财政给予 50%贴息。

江苏省高校毕业生（含大学专科、大学本科、研究生）从事个体经营，且在工商部门注册登记的日期是在其毕业 2 年以内的，自工商部门登记注册之日起 3 年内免交登记类、管理类和证照类的各项行政事业性收费。

6.2.5 其他筹资方式

1. 商业信用

商业信用是企业间的一种直接信用行为，在商品交易中以预收货款和延期付款的方式进行购销活动而形成的企业之间的信贷关系。商业信用的主要形式一般有预收货款、赊销商品、信用卡透支三种。

在市场经济高度发达的现代社会，商业信用几乎是所有工商企业都采用的短期筹资方式。商业信用筹资是建立在企业财务信誉基础上的，如果企业财务信誉较好，具有充分的偿还能力，就容易获得所需要的商业信用，否则对方提供商业信用的可能性就会大大降低。

2. 补偿贸易

1）直接补偿贸易

直接补偿贸易又称回购或返销，是补偿贸易的基本形式，指买方用生产的有关商品作为直接支付购买设备或技术等的价款。

2）间接补偿贸易

间接补偿贸易又称反向购买或互购，指买方不用产品偿付，而以双方商定的原材料或其他商品偿还。间接补偿贸易一般需要签订两个合同，一是买卖设备、技术合同，二是反向购买合同。

3）混合补偿贸易

混合补偿贸易指多种补偿方式混合使用，买方以投资所得收入或劳务形式偿付价款。

3. 租赁

租赁是在合同规定的期限内，将资产租借给承租人使用并收取租金的一种经济行为。在现代，租赁已成为企业筹集资金的一种重要而特殊的方式，被企业普遍采用。

1）租赁的类型

（1）经营租赁：经营租赁是一种传统的租赁方式，由出租人向承租企业提供租赁设备，并提供设备维修保养和人员培训等服务。出租者拥有出租物的所有权，承租者只有使用权，租赁期间承租者向出租者定期支付租金，租赁期满后，租赁物归出租方所有。

（2）融资租赁：融资租赁又称财务租赁，是由租赁公司按照承租企业的要求出资购买设备，并在融资租赁合同规定的期限内提供给承租企业使用的信用性服务。

2）租赁筹资的优势

（1）租赁筹资与其他筹资方式相比限制条件较少；

（2）租赁可迅速获得所需资产，融资租赁一般比先筹措现金再购置设备来得更快，可加快生产经营能力的形成；

（3）租赁可免遭设备陈旧过时的风险；

（4）租赁可以减少企业的所得税支付，因为租金是作为成本费用，租金费用可在所得税中扣除；

（5）企业在购买固定资产时需一次性付款，而租赁方式可将租金分期支付，克服企业在起步阶段资金紧张问题；

（6）企业在创办阶段时由于技术人才的缺乏，采用租赁方式会使设备的维修费用降低，而设备出租者往往是精通该类设备的专家，一般会向客户提供维修服务。

故事分享：胆大心细抓机会，头脑灵活巧筹资

刘刚在繁华的北京前门看到一则招租启事，说一栋破旧的三层楼中的一个房间要招租，年租金40万，一次交清。刘刚知道，在这个地段拥有一个店面就意味着拥有一棵摇钱树，但是昂贵的租金、苛刻的付款方式却是一个难题。刘刚找到房主，请房主给他45天的时间作为期限，并先交给房主5万元作为定金，并与房主签订租房协议，规定在45天内刘刚把35万元的尾款交齐，否则房主没收定金。然后刘刚马上找到一家装修公司，凭着租房协议，刘刚与装修公司签订装修协议，规定装修公司在25天内把房间装修一新，45天后付齐装修费。接着，刘刚与5家商场签订赊销协议，以赊销的方式购置了地毯、桌椅、厨房用具、卡拉OK设备等。房间装修费和房内设备费共70万元。同时，刘刚四处张贴装修一新后房间的招租广告，不到20天，有十几个人前来洽谈，最终刘刚成功以每年140万元的价格将此房间转租出去。这样，在短短45天内，刘刚以信用筹资、租赁筹资的方式不仅筹集到了所需资金，还净赚了30万元。

6.3 设立企业的流程与要求

6.3.1 设立企业的流程

1. 确定企业名称

企业名称应符合企业的理念和宗旨，应简短明晰、响亮震撼、用字吉祥、给人美感，忌用生僻字、多音字、寓意隐讳的词语，同时要遵守相关规定。

2. 聘请法律顾问

新企业的创立经常会接触到许多法律和制度方面的问题，创业者很难完全理清种类繁多的法规细节，因此需要聘请法律顾问给予帮助。

3. 确定企业地址

创业者应根据经营定位选择合适的企业地址，如果经营日化、副食等快速消费品，宜选在居民区附近；如果经营家具、电器等耐用消费品，宜选在交通便利的商业区；如果开设保健用品店和老人服务中心，宜选在安静偏僻的地方等。

4. 制定公司章程

新创企业的一些基本规章制度和管理办法在一定程度上很不完善，创业者需要为公司制定一个基本的运行框架。

5. 办理注册手续

创业者前往工商管理部门和政府管理部门办理正式的公司成立手续。

6. 引入生产办公设备

创业者为企业引进关键的生产设备和必要的办公设备。

7. 员工培训

创业者对员工进行必要的上岗培训，并明确技术和纪律两方面的要求。

8. 材料的采购和试产试销

创业者应先选购少量原料，进行试生产，以发现存在的问题。再把产品拿给专业人员和消费者评估和试用，以收集反馈信息，勘探市场情况。

9. 正式运行

创业者为企业制定正式的采购、生产、物流、销售和服务等一系列策略和实施方案，企业步入运行正轨。

6.3.2　设立企业的要求

根据《中华人民共和国公司法》的规定，设立公司应当依法向公司登记机关申请设立登记。依法设立的公司，由公司登记机关发给公司营业执照。公司营业执照应当载明公司的名称、住所、注册资本、实收资本、经营范围、法定代表人姓名等事项。在我国，企业法人登记和营业登记是结合在一起的，对企业法人不另作营业登记。

1. 注册登记条件

1）国家规定的开业条件

根据《工商企业登记管理条例实施细则》规定，工商企业申请登记时应符合下列基本条件：（1）有固定的生产经营场所和必要的设施；（2）有固定的人员；（3）有足够的资金；（4）常年生产经营或季节性生产经营在 3 个月以上；（5）有明确的生产经营范围并符合国家有关政策法令。

2）确定企业的法律形式

注册申请人在注册登记前，首先要确定所成立企业的法律形式，可供选择的法律形式有：（1）个人独资企业；（2）合伙企业；（3）有限责任公司；（4）一人有限责任公司；（5）股份有限公司。

3）备齐相关的法律文件

随着企业的法律形式不同，所需的法律文件也不同。以有限责任公司为例，注册登记需要备齐的主要文件包括：

（1）公司法定代表人签署的《公司设立登记申请书》（可在工商登记处领取）。

（2）如果是委托代理人为公司申请设立登记，须提交股东签署的《指定代表或者共同委托代理人的证明》（股东为自然人的由本人签字，股东为法人的加盖公章）及指定代表或委托人的身份证复印件（本人签字），并应标明具体委托事项、被委托人的权限、委托期限。

（3）股东签署的《公司发起人协议书》（股东为自然人的由本人签字，股东为法人的加盖公章）。

（4）股东签署的《公司章程》（一式两份，股东为自然人的由本人签字，股东为法人的加盖公章）。

（5）股东的法人资格证明或者自然人身份证明。股东为企业法人的，提交营业执照副本复印件；股东为事业法人的，提交事业法人登记正式复印件；股东为社团法人的，提交社团法人登记证复印件；股东是民办非企业单位的，提交民办非企业单位证书复印件；股东是自然人的，提交身份证复印件。

（6）依法设立的验资机构出具的验资证明。

（7）股东首次出资是非货币财产的，应提交已办理财产权转移手续的证明文件。

（8）董事、监事和经理的任职文件及身份证明复印件。

（9）法定代表人的任职文件及身份证明复印件。

（10）依据《公司法》和公司章程的规定和程序，提交股东签署的法定代表书面决定、董事会决议（由董事签字）或其他相关材料。

（11）住所使用证明。有房产的提交产权证复印件；租赁房屋的提交租赁协议复印件以及出租方的房产证复印件；未取得房产证的，提交房产管理部门的证明或者购房合同及房屋销售许可证复印件；出租方为宾馆、饭店的，提交宾馆、饭店的营业执照复印件。

（12）企业名称预先核准通知书。

（13）法律、行政法规和国务院规定设立一人有限责任公司必须报经批准的，提交有关的批准文件或者许可证书复印件。

（14）公司申请登记的经营范围中有法律、行政法规和国务院规定必须在登记前报经批准的项目，提交有关的批准文件或者许可证书复印件或许可证明。

2. 注册登记步骤

1）企业名称核准

在选定企业名称后可登录工商网或到当地工商局核名窗口提交预核准名称，审核通过后打印《企业名称（变更）预先核准通知书》，再由全体股东亲笔签字。

需凭全体股东签字的《企业名称（变更）预先核准通知书》领取正式的《企业名称预先核准通知书》，其中领取人必须是股东之一。

2）办理入资

办理入资时可以到办理大厅的入资银行窗口直接办理，也可以通过银行转账汇入银行入资账户。如果是通过银行转账汇入银行入资账户的，汇款后必须到入资银行窗口领取入资单。领取入资单时可以由股东带上身份证原件及汇款单亲自办理，也可以由代理人办理，代理人办理时除了股东身份证原件和股东汇款单之外，另需代理人身份证复印件。

办理入资时需携带《企业名称（变更）预先核准通知书》。

3）办理验资

办理验资需要以下材料：（1）企业名称预先核准通知书；（2）入资单；（3）股东身份证复印件；（4）询证函（有的事务所不要求提供这个材料）；（5）法人、董事、经理人员名单及身份证明。

4）登记注册

办理人先持名称核准文件到相关工商注册登记网站进行登记注册，在审核通过后需打印材料并通过电话预约办理登记注册手续。办理登记注册手续时需要以下材料：

（1）《企业设立登记申请书》。申请书的第一页需要法人亲自签字，董事会成员、监事、经理的任职证明需要任职人亲笔签字，法人代表登记表需要全体股东签字，产权证明需要产权方签字盖章。

（2）《企业名称预先核准通知书》。

（3）指定委托书。全体股东作为委托人签字确认，受托人必须是单位股东的员工或是自然人股东之一。

（4）验资报告。

（5）经营场所证明。如产权证上没有写明办公用途的，需出示非住宅用途房屋产权证明。

（6）各股东的身份证复印件，经办人（法人股东可由法人股东单位的员工办理）身份证复印件。

（7）公司章程。

在材料提交后，按《登记通知书》上的指定人、指定日期到指定窗口缴纳登记费，然后由经办人凭《登记通知书》和缴费清单到指定窗口领取营业执照。

5）刻章

需要刻的章有：公章、财务章及合同章。刻章前需先到公安局备案窗口办理备案手续，刻章时需要法人授权书、营业执照副本原件及复印件一份、法人身份证复印件一份。

6）办理组织机构代码证

办理组织机构代码证所需以下材料：（1）营业执照原件及复印件一份；（2）法人身份证复印件一份，非法人办理的需要经办人身份证复印件一份；（3）公章；（4）工本费。

7）办理税务登记

办理税务登记时应先办理地税，再办理国税。应在获得组织机构代码证书后，到地税局网站注册登录，填写税务登记信息，并保存后退出。

办理人先在税务登记窗口领取《税务登记表》《印花税纳税申请表》《房屋、土地情况登记表》并填写完毕后，连同以下材料一并交到税务登记窗口办理登记手续：（1）营业执照副本原件及复印件；（2）组织机构代码证副本原件及复印件；（3）法人身份证复印件；（4）房屋租赁协议复印件；（5）公司章程复印件；（6）公章、股东身份证复印件。

在提交登记材料并被受理后，再到缴纳印花税和税务登记证工本费窗口进行缴费，然后领取税务登记证，并继续前往国税登记窗口办理登记手续，所需材料同上所述。

8）办理银行开户

申请办理银行开户需要准备以下材料：（1）营业执照正本原件及复印件两份；（2）税务登记证正本原件及复印件两份；（3）组织机构代码证原件及复印件两份；（4）公章、财务章、法人名章；（5）法人身份证复印件两份；（6）经办人身份证复印件一份；（7）支票购买人两寸近照两张、身份证复印件一份。从申请办理到取到开户许可证约 8～10 个工作日。

9）办理划资

办理划资需要准备以下材料：（1）工商局开具的划资单；（2）《入资凭证》的第二联（登记主管机关存档备案联）；（3）开户银行许可证原件及复印件；（4）营业执照副本原件；（5）公章。

10）税务所报到

领取税务登记证时地税和国税窗口会各给企业一张《报到单》，办理人应按照《报到单》上写明的时间和地点到税务所报到，报到时需要带公章、《报到单》、税务登记证副本原件及复印件、营业执照副本原件及复印件，国税报到还需携带企业银行开户许可证副本及原件复印件。

地税于次月开始报税，国税以报到时窗口给出的报税通知为准。

11）工商所报到

领取《营业执照》后需到所管辖的工商所报到，时间不限。

通常在取得税务登记证的当月或次月开始建立财务账，在取得税务登记证的次月开始申报相关税种。

公司注册流程图如图6-1所示。

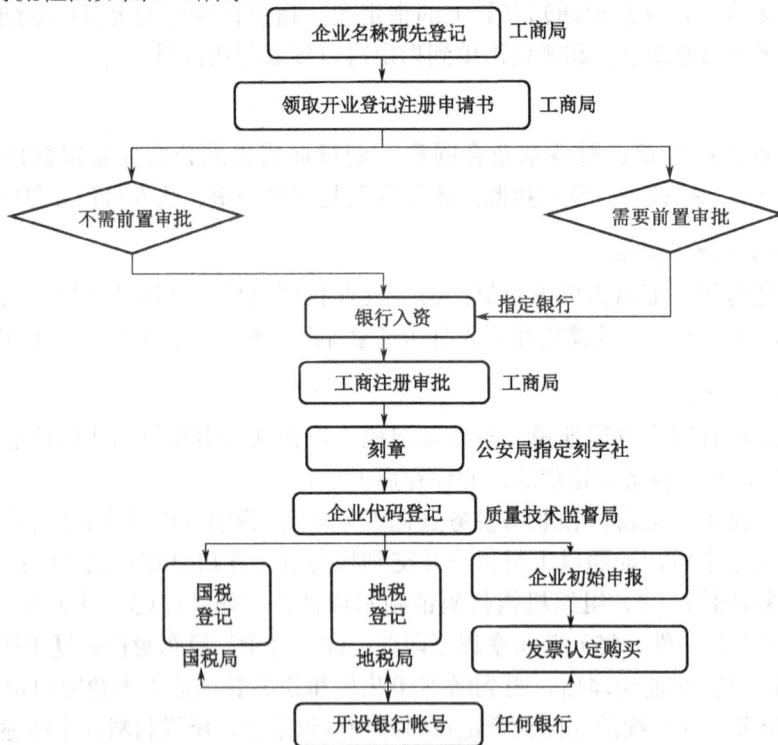

图6-1　公司注册流程图

3. 高新技术企业认定

高新技术企业认定即符合国家规定条件的高新技术领域内的企业申请国家高新技术企业认定的行为。

1）高新技术企业的概念

在《国家重点支持的高新技术领域》内，持续进行研究开发与技术成果转化，形成企业核心自主知识产权，以此为基础开展经营活动，并在中国境内（不包括港、澳、台地区）注册一年以上的居民企业被称为高新技术企业。

2）高新技术企业认定的机构及机构职责

各省、自治区、直辖市、计划单列市科技行政管理部门同本级财政、税务部门组成本地区高新技术企业认定管理机构，认定机构的主要职责是：

（1）负责本行政区域内的高新技术企业认定工作；

（2）接受企业提出的高新技术企业资格复审；

（3）负责对已认定的企业进行监督检查、受理、核实并处理有关举报；

（4）选择参与高新技术企业认定工作的专家并报领导小组办公室备案。

3）高新技术企业认定的条件

（1）在中国境内（不含港、澳、台地区）注册的企业，近 3 年内通过自主研发、受让、受赠、并购等方式，或通过 5 年以上的独占许可方式，对其主要产品（服务）的核心技术拥有自主知识产权；

（2）产品（服务）属于《国家重点支持的高新技术领域》规定的范围；

（3）具有大学专科以上学历的科技人员占企业当年职工总数的 30%以上，其中研发人员占企业当年职工总数的 10%以上；

（4）企业为获得科学技术（不包括人文、社会科学）新知识，创造性运用科学技术新知识，或实质性改进技术、产品（服务）而持续进行了研究开发活动，且近 3 个会计年度的研究开发费用总额占同期销售收入总额的比例符合如下要求：

① 最近一年销售收入小于 5,000 万元（含）的企业，比例不低于 6%；

② 最近一年销售收入在 5,000 万元至 2 亿元（含）的企业，比例不低于 4%；

③ 最近一年销售收入在 2 亿元（含）以上的企业，比例不低于 3%；

④ 其中，企业在中国境内发生的研究开发费用总额占全部研究开发费用总额的比例不低于 60%，企业注册成立时间不足 3 年的，按实际经营年限计算；

（5）高新技术产品（服务）收入占企业当年总收入的 60%以上；

（6）企业研究开发组织管理水平、科技成果转化能力、自主知识产权数量、销售与总资产成长性等指标符合《高新技术企业认定管理工作指引》（另行制定）的要求。

4）高新技术企业认定的国家优惠政策

（1）《高新技术企业认定管理办法》（科技部、财政部、国家税务总局）

第四条　依据本办法认定的高新技术企业，可依照《企业所得税法》及其《实施条例》《中华人民共和国税收征收管理法》及《中华人民共和国税收征收管理法实施细则》等有关规定，申请享受税收优惠政策。

第九条　企业取得高新技术企业资格后，应依照本办法第四条的规定到主管税务机关办理减税、免税手续。

（2）《中华人民共和国企业所得税法》

第二十八条　符合条件的小型微利企业，减按 20%的税率征收企业所得税。

国家需要重点扶持的高新技术企业，减按 15% 的税率征收企业所得税。

第三十条 企业的下列支出，可以在计算应纳税所得额时加计扣除：（一）开发新技术、新产品、新工艺发生的研究开发费用；

（3）《中华人民共和国企业所得税法实施条例》

第九十三条 企业所得税法第二十八条第二款所称国家需要重点扶持的高新技术企业，是指拥有核心自主知识产权，并同时符合下列条件的企业：（一）产品（服务）属于《国家重点支持的高新技术领域》规定的范围；（二）研究开发费用占销售收入的比例不低于规定比例；（三）高新技术产品（服务）收入占企业总收入的比例不低于规定比例；（四）科技人员占企业职工总数的比例不低于规定比例；（五）高新技术企业认定管理办法规定的其他条件。

第九十五条 在按照规定据实扣除的基础上，按照研究开发费用的 50% 加计扣除；形成无形资产的，按照无形资产成本的 150% 摊销。

（4）《中华人民共和国税收征收管理法》

第八条 纳税人、扣缴义务人有权向税务机关了解国家税收法律、行政法规的规定以及与纳税程序有关的情况。纳税人依法享有申请减税、免税、退税的权利。

第三十三条 纳税人可以依照法律、行政法规的规定书面申请减税、免税。

（5）《中华人民共和国税收征收管理法实施细则》

第四十三条 法律、行政法规规定或者经法定的审批机关批准减税、免税的纳税人，应当持有关文件到主管税务机关办理减税、免税手续。减税、免税期满，应当自期满次日起恢复纳税。

5）高新技术企业认定的程序

（1）企业自我评价及申请

企业登录"高新技术企业认定管理工作网"进行自我评价，并向认定机构提出认定申请。

（2）高新技术企业认定需提交的材料

① 高新技术企业认定申请书；

② 企业营业执照副本、税务登记证（复印件）；

③ 知识产权证书（独占许可合同）、生产批文，新产品或新技术证明材料、产品质量检验报告、省级以上科技计划立项证明，以及其他相关证明材料；

④ 企业职工人数、学历结构以及研发人员占企业职工的比例说明；

⑤ 经具有资质的中介机构鉴证的企业近 3 个会计年度研究开发费用情况表（实际年限不足 3 年的按实际经营年限），并附研究开发活动说明材料；

⑥ 经具有资质的中介机构鉴证的企业近 3 个会计年度的财务报表（含资产负债表、损益表、现金流量表，实际年限不足 3 年的按实际经营年限）以及技术性收入的情况表。

（3）合规性审查

认定机构应建立高新技术企业认定评审专家库，并依据企业的申请材料，抽取专家库内的专家对申报企业进行审查和提出认定意见。

（4）认定、公示与备案

① 高新技术企业将由认定机构对企业进行认定，经认定的高新技术企业在"高新技术

企业认定管理工作网"上公示 15 个工作日，没有异议的，报送领导小组办公室备案，在"高新技术企业认定管理工作网"上公告认定结果，并向企业颁发统一印制的"高新技术企业证书"。

② 高新技术企业资格自颁发证书之日起有效期为 3 年。企业应在期满前 3 个月内提出复审申请，不提出复审申请或复审不合格的，其高新技术企业资格到期自动失效。

③ 高新技术企业复审须提交近 3 年开展研究开发等技术创新活动的报告。通过复审的高新技术企业资格有效期为 3 年。期满后，企业再次提出认定申请的，按高新企业认定程序的规定办理。

④ 高新技术企业经营业务、生产技术活动等发生重大变化（如并购、重组、转业等）的，应在 15 日内向认定管理机构报告；变化后不符合本办法规定条件的，应自当年起终止其高新技术企业资格。

⑤ 高新技术企业更名的，由认定机构确认并经公示、备案后重新核发认定证书，编号与有效期不变。

思考与练习题 6

1. 如果让你在本班级选择几位同学组成一个创业团队你会选谁，他们都有什么优势和特长？

2. 你最想选择的创业资金获取渠道是哪一种？

3. 给你十分钟的时间，你如何说服一个天使投资人投资你的项目？

4. 你觉得现在企业设立的流程是否复杂？哪一个环节可以优化改进？

5. 如果你是创业者，你要如何分配股权？

第 7 章

企 业 管 理

教学导航

➢ 财务管理

➢ 人力资源管理

➢ 市场营销管理

➢ 创业风险控制

7.1　财务管理

7.1.1　财务管理的特征

企业的财务活动包括：资金筹集、资金投入、资金使用、资金收回、利润分配等。企业的财务管理是组织企业资金和处理企业同各方面财务关系的管理工作。

财务管理的特征一般有以下几点。

1. 价值管理

财务管理的基本属性是价值管理，是指利用资金、成本、收入、利润等价值指标，来组织企业中价值的形成、实现和分配，并处理其中经济关系的活动。

2. 职能多样性

财务管理具有职能多样性的特征。它的基本职能是进行财务决策，此外还有对资金的组织、监督和调节等职能。

3. 内容广泛性

财务管理的内容具有广泛性。其内容主要包括筹资、投资、用资、收入和利润分配的管理以及企业设立、合并、分立、改组、解散、破产过程中的财务处理。

4. 管理综合性

财务管理是综合性的管理工作。企业生产经营活动的质量和效果，一般都可以从资金活动中综合地反映出来；反过来，通过合理地组织企业的资金活动，也可以促进企业各方面的生产经营活动。

7.1.2　资产管理的特征

资产是指企业拥有或控制的能够给企业带来未来经济效益的经济资源。一般情况下，可将企业的资产按其流动性分为流动资产和固定资产两种。

> **案例分享：收支两条线的管理资产**
>
> 为实施石油公司"规范区内、开拓区外"的成品油经销战略，1998 年 5 月中国石油销售总公司在上海成立了中国石油销售鹏申公司（下辖六个分公司），负责公司东北下海成品油的经营销售，确保炼油厂、油田运行畅通。鹏申公司于 1998 年销售成品油 569 万吨，结付成品油款 91 亿元；于 1999 年 1 月～10 月销售成品油 902 万吨，结付成品油款 170 亿元。为了加强对结算资金的管理，鹏申公司运用现代公司制有关资金集权与集中管理的理论，结合实际情况，开始实行"收支两条线"的管理模式，经过半年多的运作后，取得了较好的效果。

1. 流动资产管理

流动资产是指可以在 1 年或超过 1 年的一个营业周期内变现或消耗的资产。流动资产管理主要包括现金管理、应收账款管理和存货管理。

流动资产具有以下两个特点：

（1）周转速度快，表现能力强；

（2）获得难度小，投资风险相对较小。

流动资产在企业的生产过程中是一个不断投入和回收的循环的过程，很难评价其投资报酬率。从这一点上看，对流动资产进行管理的基本任务是：努力以最低的成本满足生产经营周转的需要，提高流动资产的利用率。

2. 固定资产管理

固定资产是指使用期限较长、单位价值较高、并且在使用过程中保持原有的实物形态的资产，主要包括房屋及建筑物、机器设备、运输设备和其他与生产经营有关的设备、工具器具等。

1）固定资产的特征

（1）投资时间长，技术含量高；

（2）收益能力高，风险较大；

（3）价值的双重存在性；

（4）投资的集中性和回收的分散性。

2）固定资产管理的任务

固定资产是企业资产中很重要的一部分，它能够反映出企业的生产能力和扩张情况。企业对于固定资产管理的任务是：认真保管、加强维修、控制支出、提高利用率、合理计提折旧。

3）固定资产使用的效率管理

固定资产的使用效率取决于固定资产是否全部投入使用，投入使用的固定资产是否满负荷运行。在市场经济条件下，要使固定资产的使用效率达到最大，取决于固定资产提供的产品和劳务在市场上是否有销路。

7.1.3 利润管理的方法

利润是企业在一定时期内全部收入抵减全部支出后的余额（若为负数则为亏损）。利润是生产经营活动的最终成果，是企业经营所追求的目标，是企业投资人和债权人进行投资决策和信贷决策的重要依据，是企业利润分配的基础。

1. 利润的构成

企业的利润就其构成来看，既有通过生产经营活动而获得的，也有通过投资活动而获得的，还有一部分是通过与生产经营活动无直接关系的事项而获得的。根据我国会计准则的规定，企业的利润一般包括营业利润、投资净收益、营业外收支净额三部分，即：

利润总额＝营业利润＋投资净收益＋营业外收支净额

1）营业利润

营业利润是企业利润的主要来源，由主营业务利润和其他业务利润组成。主营业务利润是企业活动中主要经营业务所产生的利润；其他业务利润是指企业在经营主营业务以外

的其他业务活动时所产生的利润。营业利润能够比较恰当的反映企业的经营业绩。

2）投资净收益

投资净收益是指企业对外投资所得的收益减去对外投资所发生的损失后的净额，是企业利润总额的组成部分。

3）营业外收支

营业外收支是指企业的营业外收入减去营业外支出后的净额。营业外收支虽与企业的生产经营活动没有直接关系，但同样会带来收入或支出，因而也是企业增加利润或发生亏损的因素。

2. 利润的预测、计划、控制和分配

1）利润预测

利润预测是在销售预测和费用预测的基础上，通过对销售数量、价格水平、成本费用状况的分析与预测，测算出企业未来某一时期的利润水平。利润预测的方法很多，最常用的是量本利分析法。

2）利润计划

利润计划是建立在利润预测的基础上的。它是对企业的利润预测和经营结果的具体反映，是财务计划中的一个重要组成部分。企业应根据所编制的利润计划组织生产经营活动、扩大销售规模、控制成本费用，尽可能完成计划指标，实现企业的经营目标。

3）利润控制

利润控制是根据利润计划要求，对影响目标利润实现的各种因素进行有效的管理，主要包括以下工作：

（1）挖掘自身潜力，降低成本费用，提高商品质量，增强自身竞争力；

（2）以市场为导向，努力开发新产品，满足市场需求；

（3）建立责任制制度，将责、权、利有机地结合起来，并对利润进行合理的管理；

（4）充分有效地运用企业的各类资产，严格控制营业外支出，尽量减少各种损失的出现。

4）利润分配

利润分配是企业按照国家的有关法律法规和企业章程，对所实现的净利润在企业与投资者之间、各项目之间和投资者之间进行分配。

按照税法的规定，企业取得利润后，要先向国家交纳所得税，然后对剩余部分（净利润）再进行分配。对企业的净利润，应按下列顺序进行分配：（1）弥补以前年度亏损（税法规定税后弥补）；（2）提取法定盈余公积金；（3）提取公益金；（4）提取任意盈余公积金；（5）向投资者分配利润。

7.1.4　财务分析的概念与种类

1. 财务分析的概念

企业的财务分析是以财务报表和其他资料为依据，采用专门的方法，系统地分析和评价企业过去和现在的财务状况、经营成果及利润变动情况。

投资主体的多元化决定了企业财务信息流向的多层次性。不同的投资主体，由于利益倾向的差异，在对企业经营理财状况进行分析评价时，会存在着不同的侧重点。

从企业的所有者或股东的角度来看，出资人也是经营风险的最终承担者，因此他们会高度关心其产权的保值与增值状况，即对资本的回报率有较高要求。

从企业的经营者的角度来看，无论从哪个方面的要求进行考虑，要实现所有者财富最大化这一根本目标，就必须对企业经营理财的各个方面，包括营运能力、偿债能力、获利能力及社会贡献能力的全部信息予以详尽地了解和掌握，以及时发现问题并采取措施。

从政府经济管理机构的角度来看，政府除了关注其产生的社会效益外，也期望能够带来稳定增长的财政收入，并通过综合分析，对企业的发展潜力及对社会的贡献程度进行评价。

2. 财务分析的种类

1）营运能力分析

营运能力是社会生产力在企业中的微观表现，是企业各项经济资源（包括人力资源、物力资源、财物资源、技术信息资源和管理资源等）基于环境约束与价值增值目标，通过配置组合与相互作用而生成的推动企业运行的物质能量。营运能力不仅决定着企业的偿债能力与获利能力，还是整个财务分析工作的核心所在，营运能力的分析一般有以下几方面。

（1）流动资产周转率

流动资产周转率即主营业务收入净额与平均流动资产总额的比值，它表示一定时期内流动资产可周转的次数，其计算公式为：

流动资产周转率＝主营业务收入净额/平均流动资产总额×100%

平均流动资产总额＝(流动资产年初数＋流动资产年末数)/2

（2）存货周转率

存货周转率是销售成本与存货平均余额的比值，它是衡量和评价企业购入存货、投入生产、销售收回等各环节管理状况的综合性指标，其计算公式为：

存货周转率＝销售成本/存货平均余额×100%

存货平均余额＝(期初存货＋期末存货)÷2

（3）应收账款周转率

应收账款周转率是指商品赊销收入净额与应收账款平均余额的比值，它反映年度内应收账款转变为现金的平均次数或其流动程度的大小，其计算公式为：

应收账款周转率＝赊销收入净额/应收账款平均余额×100%

赊销收入净额＝销售收入－现销收入－销售退回－销售折扣

应收账款平均余额＝(期初应收账款＋期末应收账款)/2

（4）营业周期

营业周期是指从取得存货开始到销售存货并收回现金为止的这段时期，其计算公式为：

营业周期＝存货周转天数＋应收账款周转天数

（5）资产周转率

资产周转率也称为总资产周转率，它是销售收入净额与资产总额平均余额的比值。企业的总资产营运能力集中反映在总资产的销售能力（即总资产的周转率）上，其计算公式为：

资产周转率＝销售收入净额/资产总额平均余额

资产总额平均余额＝(资产总额期初余额＋资产总额期末余额)/2

2）盈利能力分析

（1）销售净利率

销售净利率是指净利润与销售收入的百分比，该指标反映销售收入的收益水平。从销售净利率的指标关系上看，销售净利率与净利润成正比，与销售收入成反比关系。企业在增加销售收入的同时，必须相应地获得更多的净利润，这样才能使销售利率保持不变或有所提高，其计算公式为：

销售净利率＝净利润/销售收入×100%

（2）资产净利率

资产净利率是净利润与资产平均额的比值。企业的各项经济活动通常是围绕着通过取得和运用资产来实现所有者财富最大化这一基本目标进行的。资产净利率是把企业一定时期的净利润与资产相比较，表明企业资产利用的综合效果。指标数值越高，表明资产的利用效率越高，说明企业在增加收入和节约资金使用等方面取得的效果越好。资产净利率是一个综合指标，影响其高低的因素主要有产品价格、单位成本的高低、产品的销售量、资金占用量的大小等，其计算公式为：

资产净利率＝净利润/资产平均额×100%

（3）净资产收益率

净资产收益率是净利润与净资产平均额的比值，也称为净值报酬率或权益净利率。权益净利率是企业获利能力的核心指标，也是整个财务指标体系的核心，是综合性最强、最具有代表性的指标，其计算公式为：

净资产收益率＝净利润/净资产平均额

3）偿债能力分析

偿债能力是企业对债务清偿的承受能力，是企业对各种到期债务的偿付能力。如果到达期限企业不能偿付债务，则表示企业的偿债能力不足、财务状况不佳，情况严重时还将危及企业的生存。按照债务偿付期限的不同，企业的偿债能力可分为短期偿债能力和长期偿债能力。

7.2 人力资源管理

故事分享：刘邦的用人之道

汉高主刘邦得天下后，在洛阳宫大宴群臣。他说："运筹帷幄之中、决胜于千里之外，我不如张良；善用人才、治理国家、安抚百姓、为军队提供补充，我不如萧何；率百万之众，战必胜、攻必取，我不如韩信。此三人，皆人中豪杰，为我所用，是我取得天下的得力助手。而项羽逞其匹夫之勇，刚愎自用，根本不懂用人之道。他连自己的亚父范增都容不得，更不用说善用贤者，这就是项羽自取灭亡的深刻教训。"

7.2.1　人力资源管理特点及目标

1. 人力资源管理及其特点

人力资源一般泛指能够作为生产要素投入经济活动中的劳动力的数量。人力资源是一种特殊的资源，具有以下特点：

（1）人的工作能力在生产力的各要素中，起着支配和决定性的作用；

（2）人力资源以潜在的形态客观地存在于人体之中，是具有增值性和可开发性的资源，其能力和能力的发挥依赖于一定的启动和激发的过程；

（3）人力资源是一种灵活的资源，能够有目的地进行工作，其能力的发挥具有创造性，且能创造出比资源本身更大的价值；

（4）人的智力和体力的发展会随年龄的大小而变化，人力资源的开发和使用要考虑人在不同年龄阶段的能力特点。

2. 企业人力资源管理的目标

企业人力资源管理是对企业所从事的人力资源规划、招聘、培养、使用及组织等各项工作的总称。

企业人力资源管理的目标是：探索最大限度地利用人力资源的规律和方法，正确处理和协调经营过程中人与人、人与事、人与物的关系，使人与人、人与事、人与物在时间和空间上达到协调，实现人力资源最优组合，做到人事相宜、人尽其才、才尽所用，充分调动人才的积极性，实现企业的经营目标。

7.2.2　人力资源管理的职能

在现代企业组织中，人力资源管理一般包括六个环节，即吸引人才、录用人才、保持人才、发展人才、评价人才、调整人才。根据人力资源管理系统构成要素的要求，现代企业人力资源管理的职能应包括以下内容：

（1）人力资源规划。即根据企业经营发展的要求，预测人才需求、进行工作分析、制定企业人力资源规划及组织落实的各项措施。

（2）招聘与选拔。即吸引及选拔企业所需人才，为企业配备符合职务（岗位）要求，能够认真履行职务（岗位）职责的合格人才。

（3）教育与培训。为适应当代社会的各方面发展，提高员工的思想道德水平、专业技能水平、整体素质，使人力资源不断增值的各项措施。

（4）薪酬管理。即完善薪酬管理体系，保证奖励与惩罚的公平公正，对员工的工作给予合理回报，以各种有效的激励手段充分调动员工的积极性。

（5）绩效管理。即健全员工绩效考评体系，规范岗位工作标准、工作纪律和员工的工作行为，激励员工不断提高工作绩效。

（6）劳资关系管理。即解决劳资纠纷，协调劳资关系，为员工提供咨询和帮助，沟通部门之间、上下级之间和员工之间的各种联系，培育企业文化，改善人际关系，增强员工的凝聚力，创造和谐的工作环境。

7.2.3 人力资源管理的基本原则

1. 系统组合原则

人力资源开发与管理是企业整体系统的一个重要的子系统，是由众多相互联系、相互制约的工作环节所构成的。任何一个工作环节出现问题，都会对人力资源管理系统乃至企业的整体系统产生不利的影响。

> **故事分享：麦当劳创始人谈"坚毅"**
> 麦当劳的人力资源管理有一套标准化的管理模式，这套管理模式具有鲜明的独特性。在麦当劳工作，首先就是要了解公司的理念，了解工作的伙伴，了解公司的各种日常业务与管理制度，并积极学习和寻找更好的工作方法。麦当劳最崇尚的是"坚毅"，麦当劳创始人雷·克罗克说："世上没有东西可取代坚毅的地位，才干不能，有才能而失败的人比比皆是；天才不能，才华横溢却不思进取者不胜枚举；单靠教育不能，受过教育但潦倒终生的人也屡见不鲜，唯有坚毅与果断的人无所不能。"

2. 整体效能原则

企业组织作为一个有机的系统，是由众多的目标、任务和工作构成的。不同的目标、任务和工作对人员素质的要求也不同。管理者应清楚这些工作的性质和要求，并选择与之相适应的人员来承担，这样既能满足工作要求，各类人才的作用也能得到充分的发挥。

> **故事分享：普天信息研究院重视人才管理**
> 普天信息技术研究院是中国普天投资组建的中央研究院，是从事通信领域新产品研究与开发的高新技术企业。从 2002 年起，单位开始了关于员工职业发展的思考和探索，坚持以提高人才管理效益为中心，把引进培养与大胆使用结合起来，发挥"核心人才"的作用，并把解决当前突出矛盾与注重人才队伍长远发展结合起来，不断优化人才队伍结构，这样就形成了一个网状、多维的员工职业发展空间。2006 年时普天信息技术研究院获得信息产业部电信入网许可证书，同时开通了北京规模试验网，成为当时世界上能够提供 TD 无线接入系统整体解决方案的四大设备提供商之一。

3. 公平竞争原则

公平竞争原则是保证企业获得优秀人才的必要条件，也是激励员工提高自身素质、提高工作积极性的重要手段。

4. 培养和使用相结合原则

企业在用人过程中要处理好培养人才与使用人才的关系，这实际上是当前利益与长远利益的关系问题。企业的领导者在用人方面，既要考虑当前的利益，又要兼顾长远的利益，要有系统的整体观念，对培养人才、选拔人才和使用人才都要予以足够重视。

5. 激励强化原则

激励是指激发人的动机，鼓励人充分发挥内在潜力，并朝着所期望的目标采取行动的过程。人的行为产生于一定的动机和需要的基础之上，管理者要想充分发掘人才潜力、调

动人才的积极性，就必须采取有效的激励措施。

6. 动态管理原则

现代企业面对的环境复杂多变，企业的内在条件也在发生着各种各样的变化，这就要求企业的人力资源管理应随企业内外条件的变化而进行动态调整。管理者要善于根据企业生产经营的实际需要，对岗位和人员进行动态调整，灵活调节人力资源；要做到合理用才，促进人才的合理流动；要对人力资源的使用留有余地，管理要有弹性，使人才能够得到合理的使用和保护等。

7.2.4 人力资源规划与人员聘用

1. 人力资源规划

作为刚起步的企业，人力资源规划的工作内容一般包括对企业现有人力资源状况的分析以及未来人力资源状况的预测等。

1）对现有人力资源状况的分析

企业应对现有经营状态下人力资源的需求程度、饱和程度进行分析，并观察企业的各类人员是否符合要求，工作任务与人员安排是否平衡，是否存在人力资源短缺或富余的情况，对各类人员的要求是否合适等。

2）对未来人力资源状况的预测

企业应对未来人力资源状况进行分析，目的在于掌握企业未来各种经营要素的变化对人力资源需求可能产生的各种影响。

一般对未来人力资源状况的预测包括，预测人才和劳务市场的变化趋势，分析其对企业获取人才的方式、难易程度、成本等方面受到哪些影响；预测市场的发展趋势，分析经营方向或规模发生变化时对企业人员结构各方面的要求；预测未来企业组织的变化趋势，分析组织的部门结构和权责关系发生变化时对各级管理人员素质和数量的要求；根据企业长远发展规划的要求，分析产品结构变化或产品的更新换代导致生产工艺过程发生变化，对生产岗位的数量和结构产生的影响；根据企业物质技术基础的发展趋势，分析新技术的采用、设备的更新改造等对人员队伍的知识、技能以及数量的要求。

2. 招聘与录用

人员的招聘与录用是指企业根据用人条件和用人标准，通过各种渠道合理地选拔和录用各类人员，是人力资源管理的重要环节。

1）人员招聘与录用的程序

（1）准备阶段：

①计划编制；②职务分析；③确定标准；④招聘宣传。

（2）选择阶段：

①初步筛选；②面试或笔试；③背景调查。

（3）录用阶段：

①录用批准；②签订工作合同；③岗前培训。

2）内部提拔与外部招聘

（1）内部提拔。内部提拔是指从组织内部提拔能够胜任的人员来充实组织中的各项空缺职位。从组织内部的现有人员中提拔管理人员，是大多数组织在出现了空缺职位时，通常会首先考虑的办法。

内部提拔的优点：组织对内部成员有着更多的了解；可激励组织成员的进取精神；有利于提高组织成员的兴趣和士气；可以获得对组织成员培训和投资的回报等。

内部提拔的缺点：人员可选择的范围较小；组织的管理难以创新；组织的成员关系容易不协调等。

（2）外部招聘。外部招聘是指从组织外部获得所需的人员来充实组织的空缺职位。在管理人员进行选聘的过程中，外部招聘与内部提拔相比，虽然占的比重相对较低，但仍然是组织获得所需人才的必不可少的一个有效途径。

外部招聘的优点：人才来源广泛，有利于择优录用；能够为组织带来新的活力；可避免组织内部原有成员之间矛盾的产生；可节省培训费用等。

外部招聘的缺点：组织对外部招聘的人员缺乏深入了解；可能挫伤组织原有成员的积极性等。

3）人员选聘的要求

（1）选聘的条件要适当。所谓适当的条件，一是要符合组织对人员配备职能的要求；二是要符合空缺职务的性质特点及该职务对任职人员的要求。

（2）招聘人员要具有较高的素质和能力，要善于识别人才。在人员选聘的过程中，虽然已经有人员的选聘标准，但对选聘标准的衡量要依赖于招聘人员。此时招聘者的经验判断将起到决定性的作用。因此对于招聘人员而言，一定要有伯乐的慧眼以及识人的才能。

（3）要注意候选人的潜在能力。一个人能力的发挥，会受到场合和条件的限制，而考察一个人的能力，也同样会受到这种限制。在人员选聘中不仅要看候选人的现实能力和现实成绩，更要看其潜在能力是否符合职务的要求。

（4）要正确对待文凭与水平的关系。一个人的学历文凭可以代表一个人的知识水平，学历越高，知识水平也就越高。知识水平的提高为一个人能力水平的提高创造了一定的条件，但知识水平并不等于能力。在人员选聘中，除了文凭，更要关注一个人的实际工作的能力。

（5）要敢于任用年轻人。年轻人一般具有对新思想、新观念、新知识吸收消化快，精力旺盛、思维敏捷、勇于创新等特点。只要给予其适当的引导，创造出必要的条件，往往能够取得良好的成绩。因此，注重选拔年轻人应是人员选聘工作中的一个重要方面。

故事分享：日产公司的员工招聘

日产公司认为，那些吃饭迅速的人，一方面说明其肠胃功能好、身强力壮，另一方面说明他们往往干事风风火火、富有魄力，而这正是公司所需要的品质。因此日产公司曾对每一位来应聘的员工都进行了一项专门的"用餐速度"考试，招聘者会用一顿难以下咽的饭菜来招待应聘者。主考官还会"好心"地叮嘱应聘者慢慢吃，吃好后再到办公室接受面试，而那些吃得慢腾腾的人往往不会得到公司的聘用通知单。

7.2.5 教育与培训及绩效管理

1. 教育与培训

教育与培训是企业开发人力资源的必要手段。随着知识经济的迅速发展，人们越来越重视人力资源培训与开发对企业发展的重要作用。在美国，公司一般会拿出总销售额的1%～5%或工资总额的 8%～10%用于培训工作。如美国通用电气公司每年用于员工培训的费用高达 10 亿美元；日本松下公司把培养员工看得比生产产品更加重要，他们建立了世界上最大的培训中心，每年花费 40 亿日元用于员工培训。

现代企业的人力资源管理应注重对企业人力资源的开发。人力资源的开发有两方面的含义：一方面是对人力资源潜力的充分发掘和合理利用；另一方面是对人力资源的培养与发展。而要实现这两方面，就离不开企业对员工的教育与培训。

1）教育与培训的要求

（1）建立健全的组织管理体制。企业应有健全的组织机构、长远的培训规划和组织实施计划、经济的投入以及合理的规章制度等。

（2）针对不同的培训对象采用不同的培训内容。培训工作需要因人而异，有的放矢。应按照高层管理人员、中下层管理人员、工程技术人员和工人等类别分别进行人才培训。

（3）注重培训内容的全面性与专业性的结合。培训内容的全面性强调的是员工的教育与培训应有利于员工整体素质的提高，培训内容的专业性强调的是员工的教育与培训要以知识和能力的培训为重点。

（4）注重理论性和实践性的结合。教育与培训的理论性和实践性应有机地结合在一起，使员工能够通过理论学习加深对实践技能的认识，以及通过实践技能的培训加深对理论知识的理解。

（5）符合成人教育的特点，注重培训形式和方法的多样化。

2）培训的途径

（1）学习培训。学习培训主要是指把企业的员工输送到专门培训人员的地方进行脱产、半脱产或不脱产的系统学习。

（2）实习培训。实习培训是指以各种形式，让企业的各类人员担负一定的实际工作，完成一定的任务，实地培训人员。

3）培训的形式和方法

按培训与工作岗位的关系划分，主要有职前培训、在职培训和非在职培训。目的是使员工对岗位有相对清晰的了解，使之掌握相应工作岗位时所需要的知识和技能。培训的方式可以有很多种，但要根据单位的实际情况确定。

故事分享：新员工培训不当导致企业人才流失

肖某是一家民营医药企业的总经理，由于新产品上市，他在全国各地"招兵买马"，一举招聘了 60 名刚毕业的大学生。为了使这些员工尽快地适应新的工作，肖某要求人力资源部对这些员工进行了一天的新员工培训，主要讲述了"任务与要求""权利与义务"等，培训结束后还发给每人一本员工手册。本想靠这些"初生牛犊"来打开新产品的市

场，但令人意想不到的是，不到一个月的时间，60 名新员工就有 48 名退出了公司。问及原因时，有人认为公司没有人情味，将他们作为赚钱的机器，有人认为公司的薪酬虽然高，但是压力太大，对销售任务心里没底，也没有老员工指导，什么都需要靠自己摸索，太难了。肖某没想到的是，一次新员工培训反倒给公司埋下了风险的种子。

2. 绩效管理与绩效考评

绩效是指员工在一定的时间和条件下为实现预定的目标所采取的有效工作行为以及实现的有效工作成果。看待员工绩效的传统方法是考核，但单纯的考核可能会流于形式，也可能仅仅成为对员工奖惩的工具，难以取得较好的效果。

绩效考评不是绩效管理，而是绩效管理过程中的一部分。绩效管理是指管理人员和员工持续不断地双向沟通的过程。在这个过程中，管理人员应就工作目标和员工达成一致，并作为员工的辅导员、教练，帮助员工不断提高能力以使绩效目标得以实现。管理者应最大程度上激发员工的潜能，使员工获得自身能力的提升，达到提高组织业绩、实现组织目标的目的。绩效管理与传统考核的区别如表 7-1 所示。

表 7-1　绩效管理与传统考核的区别

比较项目	传统考核	绩效管理
目的	奖励与惩罚	绩效改善
重点	过去表现	将来表现
考核点	整体结果	细节过程
结果	选拔员工	培育员工
对象	以人为主	以事为主
主管领导的"角色"	审判长	教练
行为差异	控制监督	咨询协助
执行方式	回忆与记录	回馈
下属的反应	被动抵制	主动合作

3. 绩效标准的确定

绩效标准就是对员工绩效进行评价的标准。绩效管理体系中最重要的环节就在于制定绩效标准，因为如果没有绩效标准作为考核的基础，考核便是没有公正、客观可言的，考核的结果也没有任何的说服力。因此，建立绩效标准是整个绩效管理体系中最重要的环节之一。

1）绩效考评的内容

人力资源管理中的日常绩效考评指标一般包括工作成绩、工作状态和工作能力三个方面的内容。

工作成绩是指员工对岗位职责范围内的工作任务完成的情况、质量、工作效率以及从事创造性工作获得的成绩等。

工作态度是指员工用什么样的态度从事本职工作，包括人员的思想状态、职业道德、工作作风、工作的责任心等。

工作能力是指员工在从事职能工作时对自身能力的适应程度，包括独立工作的能力、

分析解决问题的能力、领导能力、管理能力等。

进行绩效考评时，考评者应根据不同的人员、不同的岗位确定具体的评价项目和标准。

2）制定绩效标准的原则

（1）绩效标准是基于某项工作而不是基于工作者；

（2）绩效标准是经过工作者努力可以实现的；

（3）绩效标准是公开的；

（4）绩效标准是可以衡量的；

（5）绩效标准是有时间限制的；

（6）绩效标准是符合现实的；

（7）绩效标准是不断进行修订、改变的。

一般来说，绩效考核的标准制定由考评者和员工共同参与完成比较妥当。

3）绩效考评的方式

（1）综合考评、工作行为考评、工作成果考评

综合考评是指按照德、能、勤、绩、体的要求，对员工进行全面的考核与评价，一般适用于领导干部的选拔、管理人员的晋升和职称的评定等。

工作行为考评是指针对员工的工作行为表现进行的考核与评价，主要考评员工的工作态度和工作能力，一般适用于员工绩效较难量化的考评，以及以脑力工作为主的管理人员和工程技术人员的考评。

工作成果考评是指针对员工的工作成果进行的考核与评价，其考评的主要内容是员工的工作成绩，一般适用于员工的工作成绩可以被直接量化为具体标准的情况，如操作工人、推销人员等。

（2）主观考评和客观考评

主观考评是指由考评者的主观判断对被考评者进行的考核与评价。这种方法较为简便易行，但易受考评者主观心理偏差的影响，从而削弱考评的公正性。

客观考评是指以客观标准对员工进行的考核与评价。这种方法不受考评者主观因素的影响，将直接以客观指标为依据进行考评。这种方法客观性强，但有重工作成果、忽视工作行为的局限性。

（3）定期考评和不定期考评

定期考评是每过一段的时间，企业定期对员工进行的考评。

非定期评价是指企业不定时间、不定期限对员工进行的考评。

（4）全方位考评

按参与考评的主体的不同，可分为上级、同事、自我、下属、客户甚至是专门的工作绩效评价委员会的考评。考评途径对比表如表7-2所示。

表7-2　考评途径对比表

考评主体	优　点	缺　点
主管领导	处于观察员工的工作业绩的最佳位置；主管领导通常对员工所做的工作较为了解，知道该从哪个方面来进行衡量	可能会受个人主观偏好的影响

续表

考评主体	优　点	缺　点
同事	同事对被评价员工的了解更加真实，可以更加准确地做出评价； 同事的压力能够促进员工对工作更加投入； 众多同事的评价能得出较为客观的评价	实施评价需要时间较多； 同事评价可能会有私心
自己	处于评价自己业绩的最佳位置； 促进员工对自己的工作进行反思，并采取必要措施来进行改进； 增加绩效考核的认同感	可能会夸大成绩； 可能会对自身缺点进行隐瞒或是寻找借口为自己开脱
顾客	可以从不同的角度进行评价，评价者处于较为客观的地位	实施评估需要的时间较多； 成本较高； 效果取决于评价者是否配合
下属	下属评价上级的管理效果处于一个较为有利的位置； 能够激励管理者注意员工的需要，并改进工作方式	员工有可能因为担心遭到报复而有不公正的行为； 在小部门中对评价者做到考评的保密比较困难
绩效评价小组	避免个人评价所带来的个人偏好以及晕轮效应等问题	实施评价需要的时间较多； 削弱了直接领导的作用

7.3　市场营销管理

各国工商企业界、非营利性组织越来越积极地采用市场营销管理来改进和提高市场绩效，实现市场营销目标。对于正向社会主义市场经济挺进的中国企业来说，面对着国际和国内两大市场的激烈竞争，对于市场营销管理的迫切性也在与日俱增。只有对市场营销活动精心计划、认真实施、合理组织、动态控制，才能保证企业的市场营销工作顺利开展，使企业在市场上占据有利地位。

7.3.1　市场营销计划

市场营销计划可以使企业目标、资源和各种环境机会之间建立与保持一种可行的适应性，从而实现企业的市场战略目标。市场营销计划一般包括以下 8 个部分的内容。

1. 内容提要

内容提要即企业对主要营销目标和措施的简明概括。

案例分享：某企业年度营销计划提要

某企业年度营销计划的提要为：使销售额和利润额与上一年相比有较大幅度的增长，其中计划销售额要达到 8000 万美元，比上一年同比增长 25%。之所以能实现这一增长，是因为目前的经济形势、竞争形势以及分销能力都比过去有较大进展。为了达到上述目标，该年的营业推广预算要达到 160 万美元，占计划销售额的 2%；广告预算要达到 240 万美元，占计划销售额的 3%。

2. 当前营销状况

在企业的市场营销计划中，应提供该企业产品的当前营销情况并进行简要而明确的分析，主要包括以下 4 种情况：

（1）市场情况。即市场的范围，有哪些细分市场，市场及各细分市场近几年的营业额，顾客的需求状况及影响顾客行为的各种环境情况等。

（2）产品情况。即每种产品的价格、销售额、利润率等。

（3）竞争情况。即主要竞争对手是谁，各个竞争对手在产品质量、定价、分销等方面采取了哪些策略，他们的市场份额及变化趋势情况等。

（4）分销渠道情况。即各主要分销渠道的近期销售额及发展趋势等。

3. 威胁与机会

"威胁"是指营销环境中存在着的对企业营销不利的因素，"机会"是指营销环境中存在着的对企业营销有利的因素。一个市场机会能否成为企业的营销机会还要看它是否符合企业的发展目标和是否拥有相应资源。

4. 营销目标

营销目标是市场营销计划的核心部分，是在分析营销现状并在预测未来的威胁和机会的基础上制定的。营销目标也就是企业在计划期内要达到的目标，主要包括市场占有率、销售额、利润率、投资收益率等。

5. 营销策略

营销策略是指企业为达到目标所使用的途径或手段，包括对目标市场的选择、营销组合策略、营销费用策略等。

（1）目标市场的选择。企业准备服务于哪个或哪几个细分市场。

（2）营销组合策略。企业准备在各个细分市场采取哪些具体的营销策略，如产品、渠道、定价和促销等方面的营销策略。

（3）营销费用策略。企业根据营销策略确定的营销花费的策略。

6. 活动程序

营销策略需要转化为具体的活动程序，内容包括：要做什么；什么时候开始，什么时候完成；由谁负责营销活动；需要多少成本等。企业应按上述问题把每项活动列成详细的活动程序表，以便于对活动的执行和检查。

7. 利润预算

作为收入方时市场营销计划要说明预计销售量及平均单价，作为支出方时市场营销计划要说明生产成本、实体分配成本及营销费用，收支的差额为预计的利润。

8. 计划控制

市场营销计划的最后一部分是对计划执行的控制，应将计划规定的目标和预算按月份或季度分散执行和使用，以便于企业的上层管理部门进行有效的监督检查。

7.3.2　市场营销实施

美国的一项研究表明，90%被调查的市场营销计划人员认为，他们制定的战略和战术之所以没有成功，是因为没有得到有效的实施。

市场营销计划的实施是指企业为实现其战略目标而致力于将营销战略和计划变为具体的营销方案的过程。分析市场环境、制订市场战略和市场营销计划是解决企业"应该做什么"和"为什么要这样做"的问题，而市场营销实施则是要解决"由谁去做""在什么地方做""在什么时候做""怎样做"的问题。

1. 市场营销实施的过程

（1）制订行动方案。方案中应明确营销战略实施的关键性决策和任务，并将执行这些决策的责任落实到个人或小组。另外，还应包含具体的市场营销活动的时间表，以确定市场活动的具体时间。

（2）建立组织结构。组织在营销战略实施的过程中起着决定性的作用，组织将战略实施的任务分配给具体的部门和人员，规定明确的职权界限和信息沟通渠道，协调企业内部的各项决策和行动。具有不同战略的企业，需要建立不同的组织结构。

美国学者托马斯·彼得斯及小罗伯特·沃特曼在他们合作写成的《成功之路》一书中，研究总结了美国 43 家卓越企业获得成功的共同经验，指出了能够有效实施企业战略的组织结构的特点：高度的非正式沟通、组织的分权化管理、精兵简政。

（3）设计决策和报酬制度。这些制度将直接关系到战略实施的成败。以企业对管理人员工作的评估为例，如果考评制度是只以短期经营利润作为评估标准的话，管理人员的行为必定会趋于短期化，从而缺少为实现长期目标而努力的积极性。

（4）开发人力资源。营销战略最终是由企业内部的员工来实施的，所以人力资源的开发至关重要。在企业选拔管理人员时，要考虑是从企业内部提拔还是从企业外部招聘更加有利；在安置人员时，要注意将合适的工作分配给合适的人才，做到人尽其才；为了激励员工的积极性，需要建立完善的工资、福利和奖惩制度。

（5）建设企业文化。企业文化主要是指企业在一定环境中逐渐形成的共同的价值标准和基本信念，这些标准和信念是通过模范人物来塑造和体现的，以及通过正式和非正式的方式加以树立、强化和传播的。

2. 市场营销实施中的问题

（1）计划脱离现实。企业的市场营销战略和市场营销计划通常是由上层的专业计划人员制订的，而战略和计划的实施则要依靠营销人员，由于这两类人员之间往往缺少必要的沟通和协调，可能会导致问题的出现。

（2）长期目标和短期目标相矛盾。企业的市场营销战略通常着眼于企业的长期目标，涉及 3 年至 5 年内的经营活动。但具体实施市场营销战略的营销人员通常是根据他们的短期工作绩效等指标来评估和奖励的，因此营销人员通常更加注重短期行为。

（3）因循守旧的惰性。企业当前的经营活动往往是为了实现既定的战略目标，而新的战略如果不符合企业的传统和习惯就会遭到抵制，新旧战略的差异越大，实施新战略可能遇到的阻力也就越大。企业要想实施与旧战略截然不同的新战略，常常需要打破企业传统

的组织机构和供销关系。

（4）缺乏具体明确的实施方案。实践证明，许多企业面临的困境就是因为缺乏一个能够使企业内部各有关部门协调一致作战的具体实施方案。企业的高层决策人员和管理人员需要制订详尽的实施方案，规定和协调各部门的活动，编制详细周密的项目时间表，明确各部门应担负的责任，这样企业营销战略的实施才能有所保障。

7.3.3 市场营销组织结构

市场营销组织是市场营销管理的重要保证。现代企业的营销部门有很多不同的组织形式，但无论采取哪种组织形式，都要体现以顾客为中心的营销指导思想。市场营销组织结构一般分为以下几种。

1. 职能型营销组织结构

职能型营销组织结构是在营销总负责人的领导下由各种营销人员构成。营销总负责人负责协调各市场经理之间的关系，职能型营销组织结构如图7-2所示。

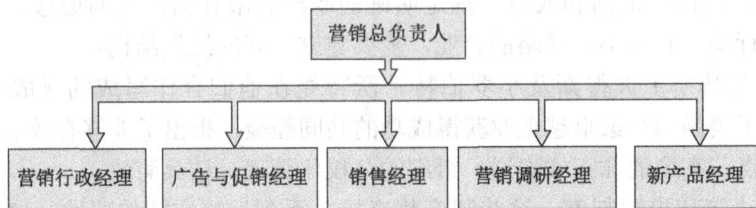

图7-2 职能型营销组织结构

职能型营销组织结构的主要优点是行政管理简单。但随着产品种类的增多和市场规模的扩大，这种组织形式会显现其缺点：由于没有一个人对一项产品或一个市场负全部责任，因此缺少按每项产品或市场制订的完整计划，有些产品或市场很容易被忽略；其次，各个职能部门为了获取更多的预算和与其他部门间的竞争，使营销总负责人会经常面临调解纠纷的难题。

2. 地区型营销组织结构

地区型营销组织结构有助于帮助企业的营销总负责人调整市场营销组合，以此最大限度地利用市场机会，同时地方的市场专家还将制订年度和长期发展计划，并在总公司营销人员和地区营销人员间起到联系沟通的作用，地区型营销组织结构如图7-3所示。

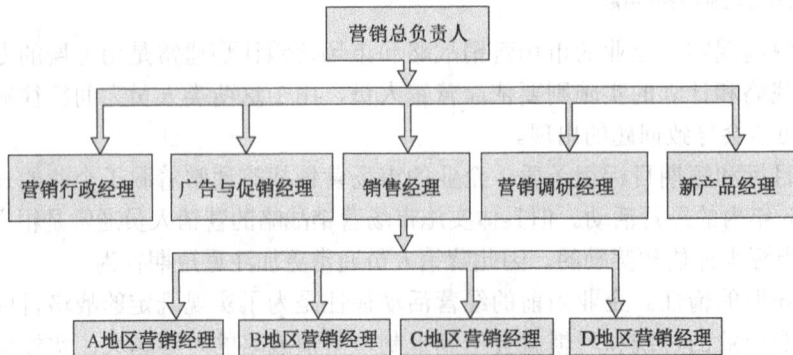

图7-3 地区型营销组织结构

3. 产品管理型组织结构

生产多种产品的企业，往往按产品的种类建立管理组织，即在一名营销总负责人的领导下，按每类产品设置一名经理，再按每个具体产品品种设一名经理，达到分层管理的效果，产品管理型营销组织结构如图 7-4 所示。

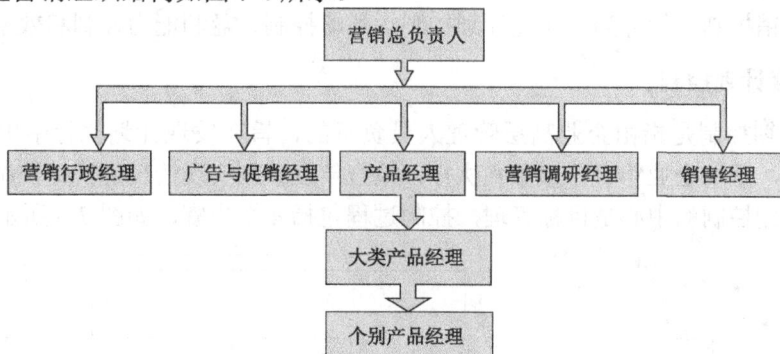

图 7-4　产品管理型营销组织结构

产品管理型组织结构的优点是：产品经理可协调他所负责产品的营销策略；产品经理能及时反映该产品在市场上出现的问题；产品经理各自负责推销自己所管理的产品，即使不太重要的产品也不会被忽略；对产品的管理涉及业务经营的很多方面，是培训年轻管理人员的很好的场所。

产品管理型组织结构的缺点是：由于产品经理的权力有限，他们不得不依赖于与广告、推销、制造部门之间的合作，而各部门往往把他们看作是低层协调者而不予重视；产品经理较容易成为他所负责的产品的专家，但不容易熟悉其他方面的业务；产品管理人员数量的增加会导致人工成本的增加，同时企业还要继续增加促销、调研、信息沟通方面的专家，会使企业承担较大的间接管理费用。

4. 市场管理型营销组织结构

市场管理型营销组织结构与产品管理型组织结构类似，由营销总负责人管理若干细分市场经理，各市场经理负责自己所负责市场的年度销售利润计划和长期销售利润计划。

市场管理型营销组织结构的主要优点是：企业可围绕特定客户的需要开展一体化的营销活动，而不是把重点放在单独的产品上。在以市场经济为主的国家中，越来越多的企业组织都是按照市场管理型营销组织结构建立的，市场管理型营销组织结构如图 7-5 所示。

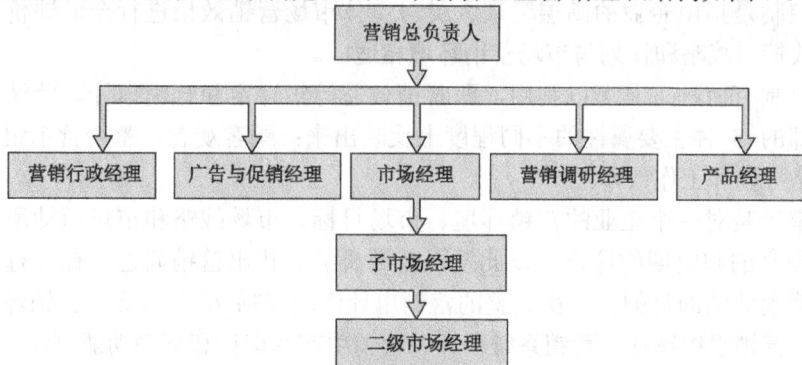

图 7-5　市场管理型营销组织结构

7.3.4　市场营销控制

市场营销计划在实施中会发生许多意外事件，营销部门必须对市场营销活动进行控制，市场营销控制也是企业进行有效经营的基本保证。

市场营销控制一般分为：年度计划控制、战略控制、盈利能力控制和效率控制。

1. 年度计划控制

年度计划控制是指由企业高层管理人员负责的，旨在发现计划执行中出现的偏差并予以及时纠正，帮助企业年度计划顺利执行，检查年度计划实现情况的营销控制活动。

年度计划控制的中心是目标管理，控制过程包括 4 个步骤，如图 7-6 所示。

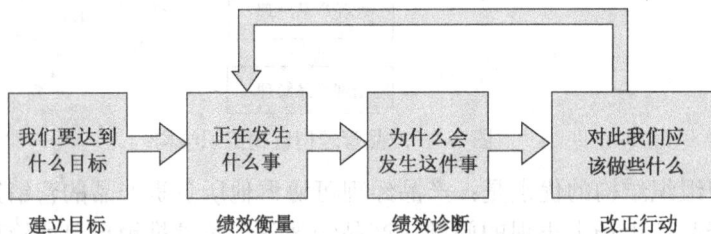

图 7-6　控制过程

企业的年度计划控制包括 5 种方法：销售分析、市场份额分析、营销费用—销售额分析、财务分析和顾客满意度追踪分析。

销售分析就是要对企业的实际销售额与计划销售额之间的差异情况进行衡量、评估和分析；市场份额分析是根据企业选择的比较范围不同，对全部市场占有率、服务市场占有率、相对市场占有率等测量指标进行分析；营销费用—销售额分析是指对营销费用与销售额的比例进行分析，还可以将此方法进一步细分为对销售额与人力推销费用、广告费用、销售费用、市场营销调研费用、销售管理费用等比例的分析；财务分析主要是通过分析一年来的销售利润率、资产收益率、资本报酬率和资产周转率等指标了解企业的财务情况；顾客满意度追踪分析是指企业通过设置顾客意见和反馈系统、建立固定的顾客样本或通过顾客调查等方式，了解并分析顾客对本企业产品的满意度情况。

2. 战略控制

战略控制是指由企业的高层管理人员对整体市场营销效果进行全面评价，以确保企业的目标、政策、战略和计划与市场营销环境相适应。

战略控制有两种工具可以利用，即营销效益等级评定和营销审计。营销效益可以从公司或事业部的 5 种主要属性的不同程度上反映出来：顾客观念、整合营销组织情况、营销信息、战略导向和工作效率。

营销审计是对一个企业的营销环境、市场目标、市场战略和市场活动所作的全面的、系统的、独立的和定期的检查，以此发现营销机会、找出营销问题、提出行动计划，达到提高企业营销业绩的目的。一次完整的营销审计活动包括 6 个方面：营销环境审计、营销战略审计、营销组织审计、营销系统审计、营销生产率审计和营销功能审计。

3. 盈利能力控制

企业需要衡量各种产品、地区、顾客群、分销渠道和订单规模等的获利能力，包括对各营销渠道的营销成本控制、营销净损益和营销活动贡献毛收益的分析，以此反映企业盈利水平的指标等内容。

盈利能力控制的流程主要分为 3 步：

（1）确定职能型费用，即衡量销售产品、广告、包装、运送产品和收款等活动产生的费用；

（2）将职能型费用分配给各个营销实体，即衡量伴随每一种渠道的销售所发生的支出；

（3）为每个营销渠道编制一张损益表。

4. 效率控制

效率控制是指企业不断寻求更有效的方法来管理销售队伍以及绩效不佳的营销实体活动。它主要包括对 4 个方面活动效率的控制：销售队伍效率控制、广告效率控制、销售促进效率控制和分销效率控制。

对销售队伍效率的控制有几个关键性指标：每个销售员平均每天进行销售访问的次数、每次销售人员进行销售访问平均所需要的时间、员工的平均收入、销售产品需要的平均成本和招待费、每 100 次销售人员进行销售访问的订货单百分比、每一期新的顾客数目和丧失的顾客数目、销售队伍成本占总成本的百分比。

进行广告效率的控制时应掌握以下信息：每一种媒体类型、每一个媒体工具触及每千人的广告成本；注意、看到或联想和阅读广告的人在其受众中所占的百分比；消费者对于广告内容的有效性意见；消费者对于产品态度的衡量；由广告激发的顾客询问产品的次数；每次销售活动的广告成本。

进行销售促进效率的控制时应掌握以下信息：优惠销售产品数量占总销售的百分比；每一元的销售额中所包含的商品陈列成本；赠送优惠券的回收率；一次优惠活动所引起的顾客询问产品的次数。

对分销效率的控制是指企业营销总负责人应该调查研究分销的经济性，主要分析产品存货、仓库位置、运输路线和方式等。

7.4 创业风险控制

目前，大学生创业已经引起了社会各方面的关注，国家不断推出针对大学生创业的各种优惠政策，鼓励和支持大学生自主创业。然而，大学生作为创业群体中比较特殊的一个群体，受教育背景、社会环境与创业政策的影响，其遭遇的风险明显高于其他创业群体。为了保护大学生创业的积极性，减轻社会就业压力，对他们进行创业和创业风险控制教育是非常有必要的。不过，风险控制的目的并不是消灭风险，而是要求大学生有准备、有理性地进行创业，从而减少风险带来的损失。因此，对创业过程中的风险进行分析、管理、控制与防范具有重要意义。

7.4.1　大学生创业风险分析

创业风险是指企业在创业过程中存在的风险，是指由于创业环境的不确定性、创业机会与创业企业的复杂性、创业团队与创业投资者的能力与实力的有限性而导致创业活动偏离预期目标的可能性。

对于经验、能力、资金等各方面都相对不足的大学生创业群体而言，随时都可能面临创业风险。大学生在自主创业中主要会遇到以下几方面的创业风险。

1. 项目风险

创业项目风险是指在创业初期因选择的创业项目不当，导致企业无法盈利从而难以生存的风险。目前，大学生创业的项目选择多集中在高科技领域和智力服务领域，如软件开发、网络服务、家庭教师、设计工作室等。此外，快餐、零售等连锁加盟店也是大学生青睐的创业项目。大学生在创业时如果只是凭自己的兴趣想象甚至一时心血来潮来决定创业项目，既不经过大量细致的市场调研与论证，也不结合自身掌握的资源状况作出决定，那么其在创业过程中很有可能会碰得头破血流，甚至会走向失败。

2. 技能风险

大学生创业还未实现由学校向社会的完全转变，其阅历、心理等素质与有社会经验的人相比处于劣势，容易出现眼高手低的情况。创业本身是一个复杂的系统工程，市场不会因为创业者是学生就网开一面，在单纯的校园环境中成长起来的大学生面对社会和市场时比较容易迷失和迷茫、思考问题理想化、对困难估计不足。另外，大学生还缺乏创业必备的知识和能力，对创业的相关政策法规的了解，以及相关的工作经验。同时，这种能力的缺乏不仅表现在职业技能、技术、管理等方面，同时还表现在人生阅历、心理承受等方面。所以，技能不足也是大学生创业成功概率不高的主要因素之一。

3. 环境风险

创业环境与创业活动是相互作用的，对创业的成败起着决定性的作用。无论是企业还是个人都处于一定的环境之中，如社会环境、企业治理环境、政治环境等。这些环境的变化会对大学生的创业造成较大的影响，这种影响在创业的中后期尤其明显，一旦发生，对企业的危害将是致命的，尤其是技术性产品的创新活动以及一些敏感性产业。

4. 资源风险

本书中所指的资源风险主要是由于社会资源贫乏而产生的风险。社会资源是企业以及个人在社会上获得成功的重要因素之一，社会资源越广泛，创业获得成功的可能性也就越大。企业作为社会企业类公民，所有工作都需要调动足够多的社会资源与各方进行沟通和联系，如政府、社会团体、供应商、销售商等。然而，初出社会的大学生手中掌握的社会资源相对较少，尽管有老师和同学的帮助和政府及创业机构的支持，但这些对于大学生新创企业的持续经营而言还是杯水车薪。所以，当大学生走入社会实施创业时，在广告宣传、市场营销、工商税务等方面将会遇到很多挫折和困难。在面对这些困难时，大学生创业者往往会一筹莫展，甚至可能在耗费了大量精力、物力以及人力之后，不得不怀着受挫

的复杂心情而离开。

5. 财务风险

财务风险是指因资金不能适时地筹集和供应而导致创业失败的可能性。可以说，财务风险贯穿在创业活动的整个过程中，足够的资本规模，可以保证企业投资的需要；合理的资本结构，可以降低和规避融资风险；妥善搭配的融资方式，可以降低资本成本。我国大学生自主创业资金的主要来源是家庭支持、银行贷款、风险投资、典当融资、股权融资和融资租赁等渠道。其中，除去家庭支持外，其他方式的资金的获得都需要一定的资质和担保人担保，这对于刚进行创业的大学生而言是非常困难的。如果没有广泛的融资渠道，创业计划便无从谈起；如果没有足够的流动资金，很可能在创业初期就会遭遇失败。因此，财务风险普遍存在于新创业的创业前期。

6. 管理风险

创业管理风险是指在创业管理运作过程中因信息不对称、管理者管理不善、判断失误等影响管理的情况而产生的风险。企业的管理不仅仅需要知识，还需要阅历以及在平常的工作中积累的经验。一些大学生创业者虽然可能接受过创业方面的培训，但是大部分都是来自于书本，过于理想化，在真正开始创业时可能会出现经营理念淡薄、产品营销方式存在偏差、信息闭塞等情况。

7.4.2 大学生创业风险形成因素

大学生创业之所以存在上述风险，不仅与大学生自身有密切关系，也与大学生生活和创业的外部环境有着密切的关系。

1. 自身因素

自身因素是主要因素，是决定大学生创业成败的根本原因。从自身角度来看，大学生创业中容易出现以下情况：第一，眼高手低，盲目乐观。比尔·盖茨的神话使 IT 业、高科技业成为大学生眼中的创业金矿，以至于使不少大学生不屑于从事服务业或技术含量较低的行业。大学生如果对自身经验和能力认识不足，加上对创业的期望值过高，就很容易创业失败；第二，纸上谈兵，经验不足。缺乏经验是目前大学生创业中普遍存在的问题，不少大学生创业者不习惯对其产品或项目进行市场调查，而是想当然地进行理想化的推断；第三，单打独斗，缺乏合作。在强调团队合作的今天，创业者想靠单打独斗获得成功的概率已大大降低。团队精神已成为不可或缺的创业素质，风险投资商在进行投资时更看重有合作能力的创业团队。而大学生初出茅庐、自信心强，在创业中常常自以为是、刚愎自用，这些都会影响创业的成功率。另外，资金的准备不足、对市场变化情况的掌握欠佳、法律意识淡薄、缺乏对创业项目的深度审视和市场前景的理性评估以及良好的创业心态，都是造成创业风险的重要因素。

2. 外部因素

外部因素也会给大学生创业带来诸多风险。一是我国高校的教育体制，我国高校重视理论而轻视实践，重视个人而忽视团队，导致大学生在自我创业的过程中缺少团队意识，

从而影响其发展；二是社会机制，尽管政府和社会都在鼓励大学生创业，但实际上，在创业配套软设施上，还不是很完善，比如有关创业的法律、鼓励性政策的制定等。

7.4.3 大学生创业风险教育与管理

创业风险管理的主要目的是让大学生有准备、有理性地进行创业，从而减少风险给企业带来的损失。

1. 创业能力和风险意识教育

在高校教育中，可以通过开设大学生创业教育课程和讲座来培养适应和引领社会需要的创业型人才，激发大学生创业意识、丰富大学生创业知识、增强大学生创业能力，使大学生理性地认识到创业历程的艰辛、创业过程的复杂性和创业风险的不确定性。还可以通过实际案例理性地分析创业活动的复杂性，让大学生能够清醒地认识到创业历程中存在的风险，以及如何防范和应对创业过程中出现的危机，并指导大学生在创业时如何对待和化解创业风险，以促进大学生进行创业能力的自我培养和创业能力的提高。

2. 创业能力和风险意识培养

创业能力是在创业实践活动中自我生存和自我发展的能力。加强培养大学生创业能力，提高大学生防范和应对危机与风险的能力，是大学生创业教育的任务之一。增强大学生创业风险意识、金融危机意识、市场竞争意识，可以使大学生的创业能力自觉提高。风险意识的培养和提高需要教育大学生学会调研、分析、捕捉市场信息与掌握市场最新动态，包括宏观经济、微观经济、产业调整、消费结构等信息研究工作。市场瞬息万变，时刻都有风险。因此，创业能力与创业风险意识的提高对大学生的创业极为重要。

3. 创业风险管理

1）谨慎选择创业项目

大学生创业者在创业初期时一定要做好市场调研，在充分了解市场的基础上再进行创业。一般来说，大学生创业者的资金实力较弱，应选择启动资金要求较少，人手配备要求不高的项目，从小本经营做起比较适宜。

2）提升自身素质

大学生创业所存在的的风险往往是由大学生这个特殊的群体在创业过程中具有的劣势而造成的。因此，想要规避风险就必须从实际出发，应提升自身能力、掌握创业所需的各项技能与素质，如策划能力、创新能力、组织能力、管理能力以及公关能力等。只有这样，大学生在创业中才能技高一筹，迈好创业的第一步。

3）准备好创业必备的硬件

"巧妇难为无米之炊"，没有充分的硬件准备，再好的创意也难以转化为现实的生产力，再优秀的人才也没有用武之地。大学生创业所需要具备的硬件主要是经验、资本和技术。经验的积累可以使企业者避免陷进眼高手低、纸上谈兵的误区；资本则能为创业建立物质基础；技术则是创业者想要在某一领域占有一方天地的王牌。

4）打造核心团队

团队力量的发挥是组织赢得竞争的必要条件。企业团队应该有动态的发展观，核心团队的组成应随着成员实际贡献的变化而变化，只有具有发展观念的团队才有可能建立一套完善的内部调节机制，从而形成团队成员的向心力、凝聚力及核心力。在创业时，应通过科学的手段构建和谐团队，打造核心团队，以此保证团队和组织高效率地运行。同时，团队在核心成员的影响下勤奋工作，也可以使组织持续保持活力。

5）健全管理制度

管理制度的建设是企业建设的基本要求，要打造一支优秀的企业员工队伍，必须明确岗位职责。"不以规矩，无以成方圆"，制度对创业者是一种激励，也是一种鞭策。企业管理分为人力资源管理、营销管理、生产管理和财务管理，任何一个环节出现问题都有可能导致企业运行混乱甚至瘫痪。因此，完善的管理制度必不可少。此外，在管理制度建立以后管理者必须严格执行、奖惩分明，否则再好的管理制度也会成为摆设。

创业是一种社会行为，任何人在创业过程中都会体验到创业的艰难，尤其是白手起家的创业者，往往需要经过多年的艰苦奋斗以及为之倾注大量的心血才能成功。对创业者来说，创业是一个创新的过程。创业成功给创业者带来的是喜悦，创业失败也许会给创业者带来沮丧的心情、财产和信心上的丧失。但如果只考虑到创业风险就不去创业，那就永远不会成为一个成功的创业者。成功更偏爱那些细心大胆、勇于面对风险的勇敢者。

思考与练习 7

1. 思考财务指标中哪个指标更应该被关注？
2. 如果你作为一名企业的招聘者，你会更关注应聘者的学历还是能力？
3. 思考现在的市场营销中有哪些好的广告平台？
4. 思考如何有效地规避创业中的风险？

第8章

创业计划书及创业案例分析

教学导航

> 创业计划书的编写

> 创业案例分析

8.1　创业计划书的编写

8.1.1　创业计划书的重要性

对于正在寻求资金的企业来说，创业计划书就是企业的敲门砖。创业计划书的好坏，往往决定了是否能够获得投资。对初创企业来说，创业计划书的作用尤为重要，一个酝酿中的项目往往思路较为模糊，但创业者可以通过制订创业计划书，将思路、优缺点都书写下来，再逐条推敲。这样一来，创业者就能对创业项目有更清晰的认识。可以这样说，创业计划书首先是把创业项目推销给自己。其次，创业计划书还能帮助创业者把企业推销给风险投资人，起到筹集资金的目的。

对已成立的企业来说，创业计划书可以为企业的发展确定具体的方向和重点，从而使员工了解企业的经营目标，并激励他们为共同的目标而努力。更重要的是，它可以使企业的出资者以及供应商、销售商等了解企业的经营状况和经营目标，说服出资者为企业的进一步发展提供资金。

故事分享：创业新星分享创业经历

1993 年出生的小顾是创业圈子的"老人"了，她从高中便开始做紫菜包饭的生意，到大学则承包了校园饮水机、保险柜等业务，并创办了 8 个餐饮店铺，均成功实现了盈利。毕业后，她创建恋爱问答互动 App"恋爱说"，两个月时间便拥有了 27 万用户，成功拿到知名媒体人王冠雄以及英诺天使基金的种子轮投资。2016 年，她携团队从广州来到北京，入驻了腾讯众创空间。小顾形容自己是个执着的"疯子"，公司搬到北京后，原本 30 人的团队锐减为 7 人，项目方向也从社区服务跨到了电商，在撰写商业计划书时她曾数日不眠不休。不过面对逐渐明朗的项目，她还是非常开心。她有些介意的，就是因为外貌出众而带来的诸多标签。"'美女 CEO'也好，'女版顾里'也罢，我不是很抗拒，只是介意这些标签太过普通。"小顾表示。她认为，外貌特点对于创业比赛、媒体、融资都比较有利，但光靠颜值是走不长久的，想要成功创业，首先要踏踏实实地把创业计划书做好。

8.1.2　创业计划书的要点与内容框架

1. 写好创业计划书的要点

创业计划书要给投资者提供关于创业、项目的充分的信息并且使投资者能够认可。为了确保创业计划书能准确地"击中目标"，创业者应做到以下几点：

（1）关注产品；

（2）敢于竞争；

（3）了解市场；

（4）拥有成熟的行动方针；

（5）拥有完善的管理队伍；

（6）拥有出色的计划摘要。

2. 创业计划书的内容

创业计划书的目标是为投资者指明创业项目的投资价值所在，创业者在设计创业计划书的核心内容时主要考虑以下内容：

（1）产品（或服务）的独特性；

（2）详尽的市场分析和竞争分析；

（3）现实的财务预测；

（4）明确的投资回收方式；

（5）精干的管理队伍。

3. 创业计划书的写作框架

1）计划摘要

创业计划书的计划摘要部分主要包括以下内容：

（1）公司介绍；

（2）主要产品和业务范围；

（3）市场概貌；

（4）营销策略；

（5）销售计划；

（6）生产管理计划；

（7）管理者及其组织；

（8）财务计划；

（9）资金需求情况等。

计划摘要应列在经营计划书的最前面，它是创业计划书的精华部分。计划摘要涵盖了计划的要点，使阅读者能在最短时间内对创业计划进行评审和判断。创业者在介绍企业时，首先要说明创办新企业的思路，创业想法的形成过程以及企业的目标和发展战略。其次，要交代企业的现状、过去的背景和企业的经营范围。在这一部分中，要对企业以往的情况做出客观的评述，不应回避错误，中肯的分析往往更能赢得投资者的信任。最后，还要介绍创业者自身的背景、经历、经验和特长等，创业者的素质对企业的成绩往往会起到关键的作用，创业者应尽量突出自己的优点并表示自己强烈的进取精神，以求给投资者留下一个好印象。

2）产品或服务

创业计划书的产品或服务部分主要包括以下内容：

（1）产品介绍；

（2）产品的市场竞争力；

（3）产品的研究和开发过程；

（4）产品研发的计划和成本分析；

（5）产品的市场前景预测；

（6）产品的品牌和专利介绍。

在进行投资项目评估时，投资人最关心的问题就是该产品、技术或服务能在多大程度

上解决现实生活中的问题，以及产品、技术或服务能否帮助顾客节约开支，增加收入。因此，产品或服务的介绍是创业计划书中必不可少的一项内容，创业者应对其做出详细的说明。在产品介绍中应附上产品原型、照片或其他介绍。此说明既要准确又要通俗易懂，应使投资者一看即懂。

3）市场概貌

创业计划书的市场部分主要包括以下内容：

（1）市场状况、市场变化趋势及潜力；

（2）竞争对手情况；

（3）本企业产品或服务的市场地位；

（4）市场细分情况和市场特征；

（5）目标顾客和目标市场等。

当企业要开发一种新产品或服务并向市场扩展时，首先要进行市场预测。如果预测的结果不乐观，那投资者就要承担更大的风险，这对多数的风险投资者来说都是难以接受的。市场预测首先要对需求进行预测：市场是否存在对这种产品的需求？是否可以给企业带来所期望的利益？新市场的规模有多大？这类需求的未来趋势如何？都有哪些因素影响市场需求？其次，市场预测还包括对市场竞争情况的分析：市场中有哪些主要的竞争者？是否存在有利于本企业产品的市场机会？本企业预计的市场占有率是多少？本产品进入市场会引起竞争者怎样的反应？这些反应对企业会有什么影响等。

4）竞争分析

创业计划书的竞争部分主要包括以下内容：

（1）对现有和潜在的竞争者及替代产品的分析；

（2）合伙人的情况；

（3）产品或服务进入市场的障碍；

（4）竞争空间；

（5）当前的竞争对手及解决方案；

（6）竞争优势和战胜竞争对手的方法。

在创业计划书中，创业者应细致分析竞争对手的情况：竞争对手都是谁？竞争对手的产品是怎样的？竞争对手的产品与本企业的产品相比有哪些相同和不同之处？竞争对手所采用的营销策略是什么？创业者应明确每位竞争对手的情况，再讨论本企业相对于每位竞争对手所具有的竞争优势，以及顾客偏爱本企业的原因。

5）营销策略

创业计划书的营销部分主要包括以下内容：

（1）市场机构和营销渠道的选择；

（2）营销队伍情况及管理；

（3）促销计划和广告策略；

（4）价格决策。

营销是企业经营中最富挑战性的环节，影响营销策略的主要因素有：消费者的特点、产品的特性、企业自身的状况、市场的环境等。对于创业企业来说，由于产品和企业的知

名度低，很难进入其他企业已经稳定的销售渠道中去。因此，企业需要采取如上门推销、为商品做广告、向批发商和零售商让利、或将产品交给经销方销售等销售策略。对发展中的企业来说，一方面可以利用原来的销售渠道销售产品，另一方面也可以开发新的销售渠道以适应企业的发展。

6）运作情况

企业的生产运作计划部分主要包括以下内容：

（1）产品制造和技术设备的现状；

（2）原材料、工艺、人力等方面的安排；

（3）新产品的生产计划；

（4）技术提升和设备更新的要求；

（5）质量控制和质量改进的计划。

在企业寻求资金的过程中，为了增大企业在投资前的评估价值，创业者应尽量使生产制造计划更加详细可靠。一般情况下，在生产制造计划中应回答以下问题：企业生产制造所需的厂房、设备情况如何；怎样保证新产品在进入规模生产时的稳定性和可靠性；设备的引进和安装情况，供应商情况；生产线的设计与产品组装情况；生产周期标准以及生产作业计划的制订情况；物料需求计划及其保证措施；质量的控制方法等。

7）人员及组织结构

在创业计划书中应对企业中的主要管理人员加以阐述，介绍他们各自具有的能力，在本企业中的职务和责任，过去的详细经历及背景等。

人员及组织结构的介绍主要包括以下内容：

（1）公司的组织机构图；

（2）各部门的功能与责任；

（3）各部门的负责人及主要成员；

（4）公司的报酬体系；

（5）公司的股东名单、认股权、比例和特权；

（6）公司的董事会成员；

（7）各董事的背景资料。

企业管理决定了企业的经营风险，而高素质的管理人员和良好的组织结构则是管理好企业的重要保证。一个企业必须要具备负责产品设计与开发、市场营销、生产作业管理、企业理财等方面的专门人才，而投资者也会格外注重对管理队伍的评估。

8）财务预测

创业计划书中的财务预测部分主要包括以下内容：

（1）经营计划的条件假设；

（2）预计的资产负债表；

（3）预计的损益表；

（4）现金收支分析；

（5）资金的来源和使用情况。

经营计划会概括地提出在筹资过程中创业者需要做的事情，而财务规划则是对经营计

划的支持和说明。因此，一份好的财务规划对评估企业所需的资金数量以及提高企业获得风险投资的可能性是十分关键的。如果企业的财务规划准备得不好，会给投资者留下企业管理人员缺乏经验的印象，同时也会增加企业的经营风险。在这一部分中，创业者应思考企业的长远规划——是在一个新市场中创造一个新产品，还是进入一个较为成熟的已有市场。

4. 创业计划书的检查

创业者在写完创业计划书后应仔细检查并思考该计划书是否能准确回答投资者的疑问，争取投资者对本企业的信心。创业计划书通常可以从以下几个方面进行检查：

（1）创业计划书是否显示出创业者具有管理公司的经验；

（2）创业计划书是否显示了创业企业有能力偿还借款，是否为投资者提供了完整的比率分析；

（3）创业计划书是否显示出创业者已进行过完整的市场分析，以及是否会让投资者相信计划书中阐明的产品需求量是真实有效的；

（4）创业计划书是否容易被投资者所领会，是否具备索引和目录，以便投资者方便地查阅各个章节；

（5）创业计划书中是否有计划摘要并放在了最前面。计划摘要相当于创业计划书的封面，投资者会首先关注这部分内容。为了使投资者感兴趣，计划摘要应写得吸引人。

（6）创业计划书是否在文字语法上全部正确；

（7）创业计划书能否打消投资者对产品或服务的疑虑。如果需要，创业者可以准备一件产品模型。

8.1.3　创业计划书目录示例

创业计划书的主要内容和结构如上所述，下面我们将展示一个创业计划书目录示例。

第一章　计划摘要
第二章　公司介绍
　一、公司宗旨
　二、公司简介
　三、公司战略
　　1. 产品及服务 A
　　2. 产品及服务 B
　　3. 客户合同的开发、培训及咨询等业务
　四、技术
　　1. 专利技术介绍
　　2. 相关技术的使用情况
　五、价值评估
　六、公司管理
　　1. 管理队伍状况
　　2. 外部支持情况
　　3. 董事会情况

8.2 创业案例分析

创业不能仅流于形式，而是要进行具体的实际操作。创业者辛苦创业的背后有着怎样的辛酸故事，创业道路上又有着怎样的坎坷艰辛？创业受挫者是如何面对失败的？创业的失败是什么原因造成的？创业成功者又有怎样的经验和看法？下面本书将介绍几个成功的创业案例，它们会给我们带来思路和方法上的启示，希望大家能够从这些创业故事中汲取有用的知识，积累与提高自身的创业素质，自信而踏实地投入创业活动中。

创业案例 1：创新思维描绘成功蓝图

河北省石家庄市有一位大学生，凭借自己的慧眼和独特的创意，发明了一种三只装的联体式手套，美其名曰"情侣手套"，如图 8-1 所示。他凭借这种手套在一个冬天的时间赚了近 10 万元，当地人纷纷称他为"会用脑子赚钱的小伙子"。

初冬的一天，石家庄市气温很低，这位求职未成功的大学生在街上漫无目的地溜达，不时地注视着来来往往的行人。他看见在凛冽寒风中，有很多年轻情侣依偎着携手并行。其中有一对情侣引起了他的注意，他们一只手各戴一只手套，另一只手却没有戴手套，而是紧紧地拉着对方，尽管被冻得又红又肿，却始终不愿意松开。目睹此景，这位大学生在感叹爱情之火如此炽热之余灵感也一涌而出，何不发明设计一种能使情侣能在冬天里携手的联体式手套呢，这种款式的手套肯定会受到热恋男女的喜爱。于是，这位大学生回到家后立刻用笔和纸设计绘制出了这种三只装的联体式情侣手套，即将四只手套改良为三只手套，其中两只手套为只有一只大拇指分开的手套式样，另一只手套则予以了大胆改进，将

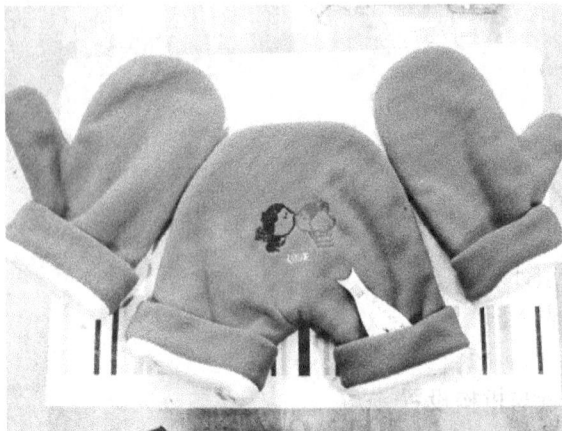

图 8-1　情侣手套

两只手套"合二为一"。次日上午，他根据网上的资料，找到了一家属于街道管辖的小规模手套制作社，自告奋勇地把自己的创意告诉经理，同时拿出了所绘制的图样给经理看。

　　该经理很有市场意识，看了以后连连叫好，毅然拍板决定合作，盈亏二八开分成。上市之前，大学生出智力，手套制作社出财力和物力，并签下了相关协议。次日，该经理就开始安排员工"依样画葫芦"剪裁缝制这款新型手套。一个星期后，制作社就做出了 1000 副"情侣手套"，并放置在临街门市部进行"投石问路"式的销售，不料没到半天就被抢购一空。

　　首战告捷后，这位大学生和手套制作社又尝试着开发和生产绒质、线质、皮质等系列的"情侣手套"，手套外面还有各类文字和图案以迎合不同的消费需求。该手套在正式投入市场后，也受到了人们的青睐。一个冬天下来，"情侣手套"系列产品已经给这位大学生带来了近 10 万元的利润，他也成了远近闻名的"小富翁"。后来，他将"情侣手套"赚来的钱在当地开了一家创意咨询公司，并聘用了两位员工，自己当上了老板。

　　结合这个案例，我们不难总结出，项目的选择对于大学生能否创业成功起着相当重要的作用。在创业项目的选择上我们需要关注以下几个方面：

　　（1）创业资金筹措是大学生自主经营创业最难解决的问题。刚毕业的大学生一般原始资金较少，所以创业资金的主要来源主要有家里提供、同学合伙、借贷等形式，因此在创业项目的筛选时要量力而行，不要选择超出自己资金实力太大的项目。应先从只需少量现金，并能充分实现个人才华和专长的事业做起，给自己一个积累经验和资本的过程。

　　（2）不要迷信热门项目。创业者要努力寻找那些有市场需要或潜在需要，却做的人不多的事情，即市场上存在的尚未满足的需求。创业者应在考虑国家的相关政策与法律、个人的兴趣爱好与特长以及对所选项目熟悉程度之后，认真调查分析拟选项目是否有市场机会以及自己是否有能力利用好这个市场机会。

　　（3）勿以事小而不为。对于创业者而言，首先要放平心态，从自己熟悉的事情开始，一步一步地实现梦想。

　　（4）了解市场。成功总是青睐那些有准备的人，而这种准备，很大程度上就是来自于对市场的了解。创业者若不经调研和分析，仅凭头脑发热就盲目投入的做法是非常幼稚

的，任何产品或服务的市场需求总量和市场供应总量之间都会存在一定差距。创业者在调查分析市场时，若能发现哪个产品或服务的市场供给不足，就可能从中找到创业机会，选定创业项目。市场的需求不仅是多元化的，而且是不断变化的。因此即使有时市场供求总量平衡，但供求结构也会出现不平衡，从而产生需求空隙。创业者通过分析供求结构差异，也可以从中发现创业机会。

创业案例2：博观约取，厚积薄发

刘峰，南京信息职业技术学院电子信息工程技术专业2008级学生。小时候，刘峰父母经营废品回收，他喜欢在废纸堆里倒腾，用能找到的东西做小发明，兴趣和能力就这样慢慢被培养出来。

进入大学以后，刘峰的科学研究没有停止，他申请了15项发明专利。但是他不想仅停留在发明创造上，他还想尝试将自己发明的东西做成产品，他想从一个发明家转型为一个企业家。他在一年春晚刘谦的魔术表演中获得了灵感，开始钻研魔术道具，没过多久，他不仅发明了魔术道具，还开了淘宝店卖魔术道具，就这样，刘峰获得了人生中创业带来的第一桶金。之后，他努力地去发现各种商机，在大一年级的下半学期，他承包了学校食堂的一个窗口，做起了烧烤店、麻辣烫的生意。直到上大二那年，他参加了学校举办的创业大赛，成功入驻学院的创业教育中心。在老师的指导下，他真正开始了自己科学的创业道路。老师告诉他，他的优势在于研发能力，他的创业出路在于将自己的发明创作转化为产品，走专业创业的路。刘峰了解到，学生专业课配套的电子焊接套件是一个巨大的市场，因为以往套件形式单一、没有新意，导致学生缺乏兴趣。于是他便开始调研市场，了解学生需求，进行创新设计，寻找优质进货渠道，制订销售计划，终于将项目从无到有、从小到大、从校内到校外，从实体店到网上交易平台运作了起来。一年下来，刘峰的创业团队接到了30多个工程项目，为学校制作了多套电子焊接套件，共盈利8万元，此外，他的创业团队成员的科研能力和管理营销能力也得到了全方位的锻炼。

临近大学毕业的时候，他看到了一则严重的火灾新闻，于是设计了一款高楼逃生器。这款产品具有广泛的应用前景，但因为他的创业经验不足，在产品开发后不久，设计的图纸和专利全部被一位朋友拿去了。他不仅失去了自己多年的积蓄，还遭受了朋友的背叛，他失败得彻彻底底。

凭借着男子汉仅存的那点尊严和胆量，他身无分文地去了深圳。在深圳的一个科技展上，刘峰见到了平衡车的鼻祖"Segway"原车，他想将它制作出来。经历了一番工夫，在产品出来之后，他很幸运地赶上了创业热潮下各地丰富的支持政策。后来刘峰的平衡车项目参加了南京紫金创投大赛，并获得了15万元的创业项目奖金，成为第一批南京大学生优秀创业项目的资助对象之一。

2014年刘峰成立快轮科技公司。成立之初，便推出一款流线造型的独轮平衡车——EVA，经过30天的预售期，便有高达100万元的销售额，吸引到了真格基金和极客帮创投基金600万元人民币的天使投资。2014年，他的平衡车进入了南京青奥会场馆，专供志愿者和工作人员使用。2016年，他又把产品"快轮F0"放到京东上进行众筹，得到了1500万元的众筹金额以及超过两万人的支持者，同年，快轮科技公司实现销售收入5000万元，公司的发展走上了快车道。2017年10月，由福布斯中国主办的首届"福布斯中国30岁以

下精英峰会"在深圳福田区举办，快轮科技 CEO 刘峰受邀参加此次峰会，并被授予"2017
年福布斯中国 30 位 30 岁以下精英"奖项。刘峰在"福布斯中国 30 岁以下精英峰会"中介绍
公司产品如图 8-2 所示。

图 8-2　刘峰在"福布斯中国 30 岁以下精英峰会"中介绍公司产品

刘峰之所以能从发明家转型为企业家，实现科研成果的产品转化，他所走的道路具有
很好的典型示范性。

（1）兴趣是最好的创业动力。刘峰最初的兴趣是科研发明，他有远超常人的发明灵
感，生活中的一个问题、专业知识中的一个技术细节、甚至别人的一句话都能带给他思路
和灵感。他严谨的求知精神给他的产品质量提供了保证，此外不断提升产品质量和客户感
受也是他的兴趣。所以创业者只要将自己的爱好融入到创业之中，就会为创业带来源源不
断的动力。

（2）熟悉的领域是最好的项目选择。虽然刘峰的创业项目先后涉及餐饮、文化等不同
领域，而且均算小有收获，但这些都是建立在学院的创业中心低成本的基础之上。虽然在
竞争高度成熟的领域中，一个初入者很难做大做强，但电子产品的研发、使用、技术改进
都是刘峰的专业所长，他不仅对此熟悉甚至还能做出很多创新和改进。所以，创业者在选
择创业项目时尽量进入自己熟悉的领域，理解自己创业项目的运营特点，增加对创业项目
的掌控力。

（3）各种能力的积累是创业成功的保证。刘峰从小就在研发上下了很多功夫，进入大
学以后又系统扎实地学习了专业理论知识，在老师规范的指导下和学校丰富的实验实训设
备平台上也进行了很多新领域的科研尝试。他不仅在淘宝上售卖商品开启了创业之路，又
在学校提供的创业街上进行了真实长期的创业经营和训练，对于创业的整个流程和要求都
有了初步了解。更重要的是，他还有一段创业失败的经历，虽然这段经历让他很受打击甚
至一度萎靡，可一旦重新"站"起来，失败的经历就成为了宝贵的财富。

创业案例 3：设身处地，找准市场需求

近年来，"月子阿姨"在杭州大行其道，而开创这门行业的是一个女人，名叫俞红。

俞红于 1990 年毕业于杭州大学，曾在一家国企单位做过管理工作，还曾在"康师傅"
公司企业规划部做过企业规划。在"康师傅"公司工作的经历对俞红的影响很大，教会了

她按科学的方法来思考和处理问题。后来，俞红进入了联通租赁公司。1999 年，俞红的女儿来到人间，初为人母的喜悦很快就被烦恼所代替。原因在于，俞红难以找到一个合适的月子保姆，短短一个月内，俞红家里竟然换了 6 个保姆。

这使她开始思考一个问题，自己有这样的烦恼，别人是不是也会有同样的烦恼？如果大家都有这个烦恼，岂不是存在着一个巨大的商机。于是，俞红进行了一番市场调查，她发现月子保姆的潜在市场确实存在，而且规模还不小。这使她深感兴奋，一直有创业情结而始终找不到好项目的她决定将创业目标就定在这里。

目标定好后，俞红并没有盲目行动，她认为自己的资金不多，经不起折腾，而应寻找一个正确的方法。很快，她就找到了这个方法——与省妇女保健医院合作，共同开发月子保姆市场，后来她又试探着与省儿童保健医院联系，对方同样表示深感兴趣。于是，俞红创业中的两大难题——技术和客源得到了解决。

当俞红到工商部门申请登记注册时，对方十分惊讶，因为他们还从来没有听说过有这样一个行业。2001 年 2 月，俞红成立了杭州第一家以产妇、新生儿为服务对象的专业公司，俞红给自己的公司取名为杭州世纪母婴服务有限公司。因为这件事情实在新鲜，引起了很多新闻媒体的兴趣，杭州的报纸、电台、电视台也对此进行了轮番报道，俞红和她的杭州世纪母婴服务有限公司一举成名。2006 年，俞红的公司在全国月嫂机构服务规模评选中荣获"全国金牌母婴机构奖"。

俗话说"设身处地""推己及人"，从自己和别人的困难中发现商业机会已经成为了创业者寻找创业机会的常规方法。这是因为当自己或别人感到困难的时候，证明市场已经形成，创业者所需要做的只是采取正确的方法对已经形成的市场进行开发，这比凭空创造一个新的市场要容易得多，需要的投入也会小得多。所以，投资者和创业者平时应留心观察，说不定机会就会出现在身边。

首先，初创项目可以考虑专注于支流业务，不做主流业务。以手机行业举例，消费者购买手机的主要目的是为了通讯，为了随时随地方便地与他人沟通。所以，强大的通讯功能和畅通的通讯服务是消费者的首要和主要诉求，这两项才是手机产业的主流业务。但做好这两项业务需要巨大的投入，中小投资者根本无力承担。所以对于中小投资者来说，选择在细分市场做支流业务，专注于消费者的个性化需求才是明智之举，比如手机膜、手机贴纸、手机壳等，以此满足消费者对手机外观的衍生需求。其次，创业项目应仅仅满足一部分人的需求，而不是满足所有人的需求。以手机行业举例，目前国内超过 10 亿人使用手机，想要满足所有消费者的愿望是愚蠢的，也是不现实的。但是因为市场规模够大，所以即使创业项目只满足一小部分人的需求，也存在着一个庞大的市场。第三，服务要到位。消费者的衍生需求一般可有可无，有则更好，没有的话对消费者也不会造成什么损失。但此类需求多数属于精神层面的需求，对从业者提供的服务往往有着较高的要求，这也是需要投资者格外注意的。这一类市场需求目前还有很多，比如互联网热潮兴起后的周边衍生业务、教育热潮兴起后的周边衍生业务、汽车热潮兴起后的周边衍生业务等。

创业案例 4：失败，收获另一种成功

陈任是桂林工学院资源与环境工程系勘查技术与工程专业 2002 级的学生，为人诚恳、善于交际，是学校里为数不多的自主创业大学生中的一员。他于 2003 年在学校后门开了一

家"大学生休闲吧",以经营各种主食和特色小吃为主,同时为在校的大学生提供一个休闲和娱乐的场所。"大学生休闲吧"在刚创办的时候经营状况还不错,但后来由于经营管理和资金等问题,在开业一个月之后无奈地关了门。

当身边的人问及创业的初衷时,陈任坦言:"希望通过创业积累一些社会经验,扩大自己的交际圈,锻炼自己的实践能力,从而更好地适应社会。" 对于自己最终选择放弃,他做了如下说明:"也许是因为自己当时太盲目,还没有具备足够的创业能力和充分的准备就开始创业。在校大学生创业难度比较大,因为我们还不具备充足的条件。大学生需要学习的东西很多,除了从创业中得到,也可以从学校的各项活动中获得。"他笑道,"现阶段,最重要的是把专业知识学扎实,处理好人际关系。对于正在创业的大学生们,我希望他们能够成功。"虽然陈任最终没有坚持下去,但是在采访中他告诉我们,在创业中他收获了很多很多。

陈任的创业例子比较典型,他代表了目前一些有创业打算和已经创业的同学的心理。多数大学生的创业规模较小,涉及的创业领域也大多是起点较低的行业,科学技术含量不高。很多人在创业之前没有做好充足的物质与心理准备,对于创业的认识不够清醒和理性。据了解,像陈任这样的在校大学生创业者,对于创业知识的了解也不是很正规和系统,基本处于自我摸索阶段,而这与高校的创业教育也有着很重要的关系。

在陈任的身上我们也看到了在校大学生创业的一些不利因素:

(1)欠缺社会经验,缺乏市场观念,缺乏营利能力

欠缺社会经验,缺乏市场观念,缺乏营利能力是大学生创业存在的共性问题。经济规律是每一个企业经营者必须遵循的,无论是大学生创业还是社会上的公司都是如此。大学生创业容易忽略市场观念,不少人乐于向投资人大谈自己的技术如何领先与独特,却很少涉及这些技术或产品会有多大的市场空间。其实,真正能引发投资人兴趣的是那些能切中市场需求的产品或服务,以及明确的市场营销计划和能够证明产品盈利的依据。然而市场意识淡薄,"拿投资人的钱,干自己想干的事"是一些大学生创业者常见的心理状态。

(2)欠缺创业能力和素质,缺乏商业管理经验

很多大学生创业公司的共同特点是持有技术,但一旦成立公司,他们就必须完成从技术人员向管理和经营人员的转化。如果不能完成这一点,公司的生存和发展就难以继续下去。虽然有不少大学生创业团队中也有工商管理专业和经济专业的学生,但他们大多只是简单地仿照成熟的管理模式,缺乏实际经验以及商业创新能力和市场拓展能力,不知企业管理的艰辛,可能会造成内部管理空有制度而不能贯彻执行,外部合作举步维艰而不知所措的情况出现。

(3)缺少具有科技含量的项目

有专家认为,创业关注的焦点应该是具有科技含量的内容,工科学生的创业更是如此。

(4)难以吸引风险投资

大部分的大学生创业公司都存在缺钱的问题,他们希望能够争取到投资,并且渴望按照国外高科技企业通过风险投资获得发展的运作模式来进行,然而能争取到风险投资的大学生创业公司却是少数。也有不少的创业团队在融资问题上好高骛远,对自己的团队和公司评价不切实际,不了解资本市场的特性,对投资者资本的合作提出过分要求,以至于耽

误了公司融资的最佳时机。难以吸引投资者投资的另一个原因是一些学生对创业的理解还停留在仅有一个美妙的想法与概念上，如果创业团队中没有一整套细致周密的可行性论证与实施计划，不阐述说明创业计划中真正的技术含量有多高，在多大程度上是不可复制的，以及市场盈利的潜力有多大，将很难获得投资者的投资。

大学生创业应该尽量弥补这些不足之处，因为市场竞争是平等的，市场不会因为学生的特殊身份而有所"照顾"。能够成功创业的大学生少之又少，更多的创业者会退出创业舞台，但是他们敢于尝试的勇气值得肯定。对于他们自己而言，在创业过程中也会得到很多在课堂上得不到的宝贵"财富"，比如经验、社交能力、胆量等。

思考与练习 8

1. 根据你的创业设想写一份创业计划书。

2. 思考刘峰根据自己的兴趣、凭借自己所学的专业知识进行创业是否应该是高职学生创业的主要类型？

3. 如果由你经营陈任的创业项目，怎样才能避免失败？

4. 大学生创业选择哪种类型的企业比较合适？

5. 为自己的公司想一个名称。

6. 了解本省、本市有哪些支持大学生创业的专门政策。

附录 A 不同类型创业企业的相关法律规范

本附录主要对个体工商户、个人独资企业、合伙企业、有限责任公司、一人有限责任公司的相关法律规范进行简要介绍，同时介绍其他类型的创业形式及其特点。

A.1 个体工商户

1. 承担无限责任

选择设立个体工商户的创业者以其个人财产对债务承担无限责任，一旦经营出现亏损，个体工商户必须以自己的个人财产对其进行清偿，创业者的个人生活可能受到影响。设立有限责任公司的创业者则仅需以出资额为限对公司的债务负有责任，个人财产与公司财产分离，创业者的个人生活不会受到公司亏损的影响。

2. 无最低注册资本金的要求

注册个体工商户对资本金的要求比较低，没有法律规定最低需要缴纳的资本，因此对于创业者的资金要求比较低，但同时也会使个体工商户的信誉和实力比有限责任公司略低。

3. 经营规模受到限制

根据法律规定，个体工商户的雇佣工人不得超过 7 人，不可以设立分支机构，这些规定可能会阻碍个体工商户日后的业务拓展。

A.2 个人独资企业

1. 无最低注册资本金的要求

设立有限责任公司有最低注册资本的要求，设立个人独资企业则没有最低注册资本金的要求，因此设立个人独资企业的成本更低。

2. 不缴纳企业所得税

个人独资企业只缴纳个人所得税，不缴纳企业所得税，公司企业则需要缴纳企业所得税。

3. 承担无限责任

选择设立个人独资企业的创业者以其个人财产对企业债务承担无限责任，一旦经营出现亏损，个人独资企业的创业者必须以自己的个人财产清偿债务。

4. 投资人单一

有限责任公司（除一人有限责任公司）须由两个以上的投资人投资；个人独资企业由一个自然人投资，更易于控制。

5. 经营规模不受限制

个人独资企业可以根据其经营规模招用必要的从业人员，数量不限；个人独资企业可以设立分支机构。

6. 有固定的经营场所

个人独资企业必须要有固定的经营场所，这样一方面保障了个人独资企业的生产经营，另一方面也增加了企业设立和经营的成本。

A.3 合伙企业

1. 承担无限责任

选择设立合伙企业的创业者以其个人财产对企业债务承担无限责任，而有限责任公司的投资人仅以其出资为限对公司承担有限责任；如遇经营亏损，选择设立有限责任公司的创业者的个人财产并不会因此而受到影响，选择设立合伙企业的创业者的个人财产则需要清偿企业债务。

2. 承担连带责任

企业如果出现亏损，一旦其他合伙人无力偿还债务，出资人需要自己承担全部合伙企业的对外债务。

3. 无最低注册资本金的要求

设立有限责任公司有最低注册资本金的要求，设立合伙企业没有最低注册资本金的要求，因此设立合伙企业的成本要求比较低。

4. 可以使用劳务作为出资方式

无论是有限责任公司还是个人独资企业，都不能使用劳务作为出资方式。但在合伙企业中如果经成立合伙企业的合伙人一致同意，合伙人可以使用劳务作为出资方式。

5. 投资人必须为两人以上

合伙企业必须由两个以上合伙人投资，这样通常可以补充单个投资者资金的不足，还可以在技术和人力等方面寻求合作，但带来的副作用就是单个合伙人对企业控制的减弱，不确定性因素增加。

6. 有固定经营场所

合伙企业必须有固定经营场所，这样一方面保障了合伙企业的生产经营，另一方面也增加了企业设立和经营的成本。

A.4 有限责任公司

1. 承担有限责任

与个人独资企业和合伙企业不同，选择有限责任公司形式的创业者仅需以出资额为限

对公司的债务承担责任，股东的个人财产与公司财产分离，个人财产也不会受到公司亏损的影响。

2．有最低注册资本金要求

有限责任公司法定最低注册资本金为 3 万元人民币，可以分期缴付。公司全体股东的首次出资额不得低于注册资本的 20%，不得低于法定注册资本的最低限额，其余部分由股东自公司成立之日起两年内缴足；投资公司可以在五年内缴足，在保证了公司资金的来源和信誉的同时也兼顾了灵活性。

3．具有独立法人资格

有限责任公司具有法人资格，拥有独立支配的财产，能够以自己和对外以公司的名义独立地参加民事活动，为自己取得民事权利和承担民事义务。

4．缴纳企业所得税

由于公司具有独立法人资格，公司财产与股东个人财产分离，因此有限责任公司需缴纳企业所得税，股东对其所取得的公司红利或股息缴纳个人所得税。

5．有固定的经营场所

有限责任公司必须有固定的经营场所，这样一方面保障了有限责任公司的生产经营，另一方面也增加了企业设立和经营的成本。

6．投资人必须为两人以上

通常的有限责任公司（一人有限责任公司除外）的股东为 2 人（含 2 人）以上 50 人（含 50 人）以下。

7．有完善的企业经营组织（股东会、董事会、监事会等）

由于公司财产与股东的个人财产分离，股东对有限责任公司的直接控制减弱，一般会通过股东会、董事会、监事会等机构对公司进行管理。

A.5 一人有限责任公司

1．承担有限责任

与有限责任公司相同，创业者仅需以出资额为限对公司的债务承担责任，股东的个人财产与公司财产分离，个人财产不会受到公司亏损的影响。但是，如果一人有限责任公司的股东不能证明公司财产独立于股东自己的财产的，应当对公司的债务承担连带责任。

2．有最低注册资本金要求

一人有限责任公司法定最低注册资本金为十万元人民币，股东应当一次足额缴纳规定的出资额，不允许分期缴纳。

3．股东为一个人

一人有限责任公司规定只允许存在一名股东，这样使得股东对于公司的控制能力极大

地增强，从而不同于通常的有限责任公司。为了防止风险发生，法律规定一个自然人只能设立一个一人有限责任公司。

4. 企业经营组织简化（股东会、董事会、监事会等）

由于公司财产与股东个人财产分离，股东对有限责任公司的直接控制减弱，一般会通过股东会、董事会、监事会等机构对公司进行管理。但一人有限责任公司的企业经营组织较为简单，可以只设一名执行董事，不设董事会，执行董事可以兼任公司经理；可以设一到两名监事，不设监事会。这样一来，创业者对公司直接控制能力便相对增强。

A.6　其他类型的创业形式及其特点

1. 特许加盟

1）特许加盟的优点

（1）加盟者能够利用总部拥有的知名度高的商标、商号、标志经营专有技术，并能够以较少的投资金额开始经营。

（2）总部提供的经营模式通常积累了较多的成功经验，因此，特许加盟店从开业到经营一般会比较顺利，与独资经营相比成功率高，风险小。

（3）即使是没有经营经验的加盟者，依靠总部的指导、教育也能很好地经营、运作加盟店。

（4）加盟者能够有效利用连锁品牌的知名度和形象，卓有成效地实现销售促进计划。

（5）加盟者能够根据社会环境的变化选择加盟符合时代潮流的总部。

（6）对于加盟者来说，由于能够得到总部的经营指导（专有技术、会计、税务、法律等）和援助（新产品开发、供货保障、销售推广、教育培训等），且无需考虑市场企业战略规划（广告宣传、商品开发等），所以能专心经营加盟店。

（7）由于采取统一配货体制，加盟店可以通过采购进货以低价买入品质好的商品，并且通过采购统一配货带来的进货成本上金额的减少，远远超过了向总部缴纳使用费的金额。

2）特许加盟的缺点

（1）加盟者对总部的依赖感太强，有时会懈怠自己的经营和销售。

（2）由于加盟店是采取标准化的体系，所以在单方面几乎无法进行创新，必须按照总部的要求去做。

（3）与加盟店的利益相比较，通常总部的利益优先。

（4）在连锁系统内一旦出现不良加盟店败坏品牌名声，其他加盟店也会受到恶劣影响。

（5）总部如果经营不善，加盟店也将衰退。

（6）加盟店要支付加盟费和其他各类费用，并承担营业转让、竞业禁止、保密等义务。

2. 接管一个公司、企业或店铺

有时如果一个已经存在的公司、企业或店铺的经营者打算退出，那么创业者完全可以选择接管这个公司、企业或店铺，接管的过程主要包括两个方面：人、财、物清点交接，以及到本地工商行政管理局办理"登记变更"。通过这种接管方式，可以直接办理登记变更

手续，无需再办理全部审批手续，这样可以保留自己喜欢的企业字号，还可以节省登记费用，是一个较好的选择。

大学生常用及常见的几种创业方式不外乎以上几种，我们应当对各种创业方式的特点进行必要的了解，不断地学习和积累相关的法律知识以应对创业过程中可能会遇到的各类法律问题，从而使我们的创业得以顺利地开展。

附录 B　公司管理中常见的法律问题

1．有限责任公司的执行董事和法定代表人必须是同一人吗？

答　《公司法》第十三条规定："公司法定代表人依照公司章程的规定，由董事长、执行董事或者经理担任，并依法登记。公司法定代表人变更，应当办理变更登记。"

由此可见，法定代表人不一定是执行董事，可以是不同的人担任。

2．执行董事跟董事长有什么区别？

答　《公司法》第四十四条规定："有限责任公司设董事会，其成员为三人至十三人；但是，本法第五十条另有规定的除外。……董事会设董事长一人，可以设副董事长。董事长、副董事长的产生办法由公司章程规定。"

《公司法》第五十条规定："股东人数较少或者规模较小的有限责任公司，可以设一名执行董事，不设董事会。执行董事可以兼任公司经理。"

简单来说，一般有限公司都要设立董事会，董事会要设立董事长，而人数少、规模小的公司可以不设董事会，只设一个执行董事。此外，同一家公司不能同时存在董事长和执行董事。

3．同一个自然人是否只能担任一家公司的法人代表？

答　我国《公司法》并未限制同一个自然人只能担任一家公司的法定代表人。

4．同一个自然人 100% 持股的法人身份是否可以存在于多家公司？

答　个人 100%持股即一人有限公司。《公司法》第五十七条规定："本法所称一人有限责任公司，是指只有一个自然人股东或者一个法人股东的有限责任公司。"公司法第五十八条规定："一个自然人只能投资设立一个一人有限责任公司。该一人有限责任公司不能投资设立新的一人有限责任公司。"

由此可见，同一个自然人不能以 100%持股法人的身份存在于多家公司。

5．公司一般会用到哪些印章？它们的作用与法律效力如何？

答　公司印章主要包括公章、财务专用章、合同专用章、法人私章这几种，企业需根据相关规定到工商局、公安局、开户银行备案或预留印鉴。

公司公章，是功能较全面的印章，用于税务登记、各种行政文书、证明与合同等的用印；财务专用章，用于银行的各种凭据、汇款单、支票以及财务相关文书材料等的用印；合同专用章，用于合同签订的用印；法人私章（非公司印章），通常用于注册公司、企业基本户开户、支票背书等的用印。

在效力方面，公司各印章的效力都是一样的，都代表着公司意志，但是如果某种专用印章出现在不属于其使用用途中，如合同专用章用于支票用印，则效力会产生瑕疵。

6．开办一个电子商务网站是否需要电信业务经营许可证（ICP）？

答 如果开办 B2C 网站的话只需要普通网站的备案号就可以，不需要办理电信业务经营许可证（ICP）。按照国家的法规解读，网上卖东西属于线下交易，判断网站是否具有经营性需要看网站本身是否具有收费服务，因为 B2C 的网站本身是免费的，所以不涉及经营性的问题。如果本身是具有收费服务的经营性网站，就需要办理 ICP，否则属于非法经营。申请 ICP 经营许可证需公司的注册资本达到 100 万元以上。

7．合伙创业应如何分配股权？初创公司投资人各占多少股份较为合适？

答 法律上对此没有强制性规定，可自由协商确定。

有的团队非常注意股权分配，但事后依然分崩离析；有的团队则是稍作思考便决定了股权分配，却能一直团结到胜利的时刻。由此可见，这其中最重要的因素是人。团队分配股权时应让团队成员在分配和讨论的过程中从心里感觉到合理和公平，从而事后可以集中精力创办企业。创业者在进行股权分配时，一定要建立团队信任感，创业者应开诚布公地谈论自己的想法和期望，赢得创业伙伴的认可。

8．有限责任公司由多人出资建立，股东之一与其他股东发生分歧，希望退出，其他股东应该如何处理？

答 首先，《公司法》第三十五条规定："公司成立后，股东不得抽逃出资。"因此一般情况下需通过股权转让的方式实现退出。《公司法》第七十一条规定："有限责任公司的股东之间可以相互转让其全部或者部分股权。股东向股东以外的人转让股权，应当经其他股东过半数同意。股东应就其股权转让事项书面通知其他股东征求同意，其他股东自接到书面通知之日起满三十日未答复的，视为同意转让。其他股东半数以上不同意转让的，不同意的股东应当购买该转让的股权；不购买的，视为同意转让。经股东同意转让的股权，在同等条件下，其他股东有优先购买权。两个以上股东主张行使优先购买权的，协商确定各自的购买比例；协商不成的，按照转让时各自的出资比例行使优先购买权。公司章程对股权转让另有规定的，从其规定。"

同时《公司法》第七十四条规定："有下列情形之一的，对股东会的决议投反对票的股东可以请求公司按照合理的价格收购其股权：① 公司连续五年不向股东分配利润，而公司该五年连续盈利，并且符合本法规定的分配利润条件的；② 公司合并、分立、转让主要财产的；③ 公司章程规定的营业期限届满或者章程规定的其他解散事由出现，股东会会议通过决议修改章程使公司存续的。自股东会会议决议通过之日起六十日内，股东与公司不能达成股权收购协议的，股东可以自股东会会议决议通过之日起九十日内向人民法院提起诉讼。"

9．天使投资、风险投资、私募股权投资介入企业的节点是什么样的？分别起什么作用？

答 公司初创、起步期时，还没有成熟的商业计划、团队、经营模式，很多事情都在摸索，所以很多天使投资都是熟人和朋友基于对人的信任进行投资。熟人和朋友做天使投资人的作用往往只是帮助创业者获得启动资金；而成熟的天使投资人或天使投资机构的投资除了帮助创业者获得启动资金外，还会帮助创业者寻找企业发展的方向、提供企业指导（包括管理、市场、产品等各个方面）、提供资源和渠道。

公司发展早中期，有了比较成熟的商业计划、经营模式，并且已经初见盈利的端倪后

便可以寻找风险投资。风险投资起到为公司提升价值的作用，帮助其获得资本市场的认可，为后续的融资奠定基础，也可以使公司获得资金和渠道从而进一步开拓市场。

在公司的成熟期，已经有了上市的基础，达到了私募股权投资要求的收入或者盈利的条件后便可寻找私募股权投资。此时私募股权投资人通常会提供必要的资金和经验帮助公司完成首次公开募股所需要的重组架构，以及上市融资前所需要的资金，并按照上市公司的要求帮助公司梳理组织结构、盈利模式和募集项目等，以便能使公司在1~3年内上市。

10．天使投资人一般会占创业公司多少股权？

答 天使投资人一般不会要求控股，正常情况下会占创业公司10%左右的股份，天使投资人控股小于5%或大于30%的情况属于小概率事件。

11．企业和风险投资签对赌协议好不好，为什么？

答 企业和风险投资签对赌协议有利有弊，对赌协议虽然可以在一定程度上规避商业风险，但证监会已经明确，上市时间对赌协议、股权对赌协议、业绩对赌协议、董事会一票否决权安排、企业清算优先受偿协议等五类私募股权投资对赌协议是首次公开募股审核的禁区。证监会的审核口径认为，带有此类对赌协议的申请人在股份发行审核期间甚至在公司挂牌上市后相当长的期限内，其股权结构都将处于不确定的状态，也违反了我国公司法同股同权的立法精神。如果企业存在对赌条款，则需要在清理之后或履行完毕之后才能向证监会上报首次公开募股的材料。

2012年12月，最高人民法院对"海富投资诉甘肃世恒案"做出终审判决，否认了股东与公司之间损害公司及公司债权人利益的对赌条款的法律效力，仅认可了股东与股东之间对赌条款的合法有效性。

12．风险投资做的尽职调查一般包括哪些问题？

答 风险投资一般会从公司的基本情况、出资事项、转股事项、业务经营、重大合同、重要产权、税务、劳动人事、重要纠纷仲裁诉讼以及股东及董事、监事、高级管理人员的构成等方面入手调查，并对其中体现的重大问题进行观察和谨慎分析。

13．企业跟天使投资人签协议与跟风险投资机构签协议有什么不同，有哪些注意事项？

答 企业在任何阶段与任何投资人签协议都没有本质上的区别，都是做交易，某些老练的天使投资人反而比新创的风险投资机构更像风险投资机构。一般来说，个人天使投资人没有能力也没有想法控制公司，而持股比例较高的风险投资人不仅会派出董事、财务人员，对公司事务的参与程度更深，在某些情况下甚至有可能接管公司，更换管理层。

相对天使投资来说，风险投资能带来更多的资源。另外，如果风险投资对创始人有一些特别的承诺以换取低价入股（比如动用其特定的专家资源），需要落实在合约上。

天使投资人多是"不熟不投"，一般和创始人有一定的私人交情和信任感，投资合同往往不会特别繁琐，双方连律师都不一定会请。而风险投资是职业的投资者，又是用别人的钱进行投资，所以合同较为繁琐，且双方都需要专业的律师协助。

14．创业公司如何进行股权激励？

答 创业公司进行股权激励一般有三种方式：

（1）股权购买。公司现有股东拿出部分股权出让给被激励者，被激励者需要用货币或知识产权等可以用货币估价并可以依法转让的非货币财产交换获得股权。被激励者购买股权的资金来源主要是被激励者工资、奖金、分红抵扣或直接出资以及企业资助等。被激励

者获得的是完整的股权，拥有股权所具有的所有权、表决权、收益权、转让权和继承权，该购买股权的价格可以是买卖双方认可的任何价格。企业为了稳定优秀的人才，防止竞争对手恶意争夺人才，在员工购买股权时一般会另设一定的条件，如果被激励者不满足这些条件，那么股东有权回购股权，以此减少对公司和股东造成的伤害。

（2）期股。公司现有股东附条件的一次性或分期给予被激励者一定数额股份的分红权和表决权，被激励者按事先约定的价格用所得红利分期购买这部分虚拟股票，并将之转化为实股（即"行权"）。被激励者所得分红如果不足以支付购买虚拟股票所需要的资金，可以另外筹措资金，补足购买虚拟股票的资金，无力购买部分可以放弃行权。款项支付以后，相对应的虚拟股票转化为实股。被激励者对虚拟股票拥有分红权和表决权，没有所有权和处置权；对实股拥有完整的所有权。虚拟股票不以被激励者的名义进行股东登记，而实股会以被激励者的名义进行股东登记。

（3）虚拟股权。公司现有股东附条件的授予被激励者一定数额的虚拟股权，被激励者不需出资也可享受公司价值的增长，利益的获得由公司支付，不需要股权的退出机制，但是被激励者没有虚拟股票的表决权、转让权和继承权，只有分红权。被激励者离开公司将失去继续分享公司价值增长的权利；公司价值下降，被激励者将减少收益；绩效考评结果不佳将影响到虚拟股份的授予和生效。

15. 创业者需要跟创业团队的成员签订劳动合同吗？

答 从法律层面分析考虑，无论是公司的管理者还是普通员工都属于劳动者，法律规定用人单位应与每个劳动者都签订劳动合同，这是强制性规定，没有例外。

16. 哪些情况下用人单位可以单方面解除劳动合同，是否应该支付员工经济补偿，如何计算赔偿额度？

答 （1）《劳动合同法》第三十九条规定，劳动者有下列情形之一的，用人单位可以解除劳动合同：

① 在试用期间被证明不符合录用条件的；

② 严重违反用人单位的规章制度的；

③ 严重失职，营私舞弊，给用人单位造成重大损害的；

④ 劳动者同时与其他用人单位建立劳动关系，对完成本单位的工作任务造成严重影响，或者经用人单位提出，拒不改正的；

⑤ 因本法第二十六条第一款第一项规定的情形致使劳动合同无效的（《劳动合同法》第二十六条第一款为，以欺诈、胁迫的手段或者乘人之危，使对方在违背真实意思的情况下订立或者变更劳动合同的）；

⑥ 被依法追究刑事责任的。

在这种情况下与劳动者解除劳动合同的，无需支付员工经济补偿。

（2）《劳动合同法》第四十条规定，有下列情形之一的，用人单位提前三十日以书面形式通知劳动者本人或者额外支付劳动者一个月工资后，可以解除劳动合同：

① 劳动者患病或者非因工负伤，在规定的医疗期满后不能从事原工作，也不能从事由用人单位另行安排的工作的；

② 劳动者不能胜任工作，经过培训或者调整工作岗位，仍不能胜任工作的；

③ 劳动合同订立时所依据的客观情况发生重大变化，致使劳动合同无法履行，经用人

单位与劳动者协商，未能就变更劳动合同内容达成协议的。

这种情况下与劳动者解除合同的，如果不提前 30 日通知，就要额外支付一个月的工资。同时在这种情况下与劳动者解除合同的，还需要支付员工经济补偿。

（3）《劳动合同法》第四十一条规定，有下列情形之一，需要裁减人员二十人以上或者裁减不足二十人但占企业职工总数百分之十以上的，用人单位提前三十日向工会或者全体职工说明情况，听取工会或者职工的意见后，裁减人员方案经向劳动行政部门报告，可以裁减人员：

① 依照企业破产法规定进行重整的；

② 生产经营发生严重困难的；

③ 企业转产、重大技术革新或者经营方式调整，经变更劳动合同后，仍需裁减人员的；

④ 其他因劳动合同订立时所依据的客观经济情况发生重大变化，致使劳动合同无法履行的。

这种情况下与劳动者解除合同的，需要支付员工经济补偿。

经济补偿的计算方法是统一的，即按劳动者在本单位工作的年限计算，按每满一年支付一个月工资的标准向劳动者支付。六个月以上不满一年的，按一年计算；不满六个月的，向劳动者支付半个月工资的经济补偿。

除上述三种情况外，用人单位不得违法解除劳动合同，否则要按照经济补偿两倍的标准支付赔偿金。

17. 劳动合同与劳务合同有哪些区别？

答 （1）主体资格不同。劳动合同的主体只能一方是法人或组织，即用人单位，另一方为劳动者个人，劳动合同的主体不能同时是自然人；劳务合同的主体双方当事人可以同时是法人、组织、公民，也可以是公民与法人、组织。

（2）主体性质及其关系不同。劳动合同的双方主体间不仅存在经济关系，还存在人身关系，即行政隶属关系。劳动者除提供劳动之外，还要接受用人单位的管理，服从其安排，遵守其规章制度等，成为用人单位的内部职工；劳务合同的双方主体之间只存在经济关系，不存在行政隶属关系，劳动者提供劳务服务，用人单位支付劳务报酬，各自独立、地位平等。

（3）主体的待遇不同。劳动关系中的劳动者除获得工资报酬外，还有保险、福利待遇等；而劳务关系中的自然人，一般只获得劳动报酬。

（4）报酬的性质不同。因劳动合同的履行而产生的劳动报酬具有分配性质，体现按劳分配的原则，不完全和不直接随市场供求情况变动，其支付形式往往特定化为一种持续、定期的工资支付；因劳务合同而取得的劳动报酬一般按等价有偿的市场原则支付，完全由双方当事人协商确定，是商品价格的一次性支付，商品的价格是与市场的变化直接联系的。

（5）用人单位的义务不同。劳动合同的履行贯穿着国家的干预。为了保护劳动者，《劳动法》给用人单位强制性地规定了许多义务，如必须为劳动者交纳社会保险、用人单位支付劳动者的工资不得低于政府规定的当地最低工资标准等，这些必须履行的法定义务，不得协商变更；劳务合同的雇主一般没有上述义务，双方可以约定上述内容，也可以不约定上述内容。

（6）适用的法律不同。劳动合同主要由《劳动法》《劳动合同法》规范调整；劳务合同则由《民法》《经济法》规范调整。

（7）受国家干预程度不同。对于劳动合同的条款及内容，国家常以强制性法律规范来规定。如劳动合同的解除，除双方当事人协商一致外，用人单位解除劳动合同还须符合《劳动法》规定的条件等；劳务合同受国家干预程度低，除违反国家法律、法规的强制性规定外，在合同内容的约定上主要由双方当事人自由协商确定。

（8）违反合同产生的法律责任不同。劳动合同不履行、非法履行所产生的责任不仅有民事上的责任，还有行政上的责任，如用人单位支付劳动者的工资低于当地的最低工资标准，劳动行政部门将责令用人单位限期补足低于标准部分的工资，拒绝支付的，劳动行政部门有权给用人单位行政处分；劳务合同所产生的责任只有民事责任、违约责任和侵权责任，不存在行政责任。

（9）纠纷的处理方式不同。劳动合同纠纷发生后，双方应先到劳动机关的劳动仲裁委员会申请劳动仲裁，如不服仲裁结果可以到人民法院起诉，劳动仲裁是前置程序；劳务合同纠纷出现后可以直接提起诉讼，也可以经双方当事人协商解决。

（10）劳动力的支配权不同。在劳动合同关系中，劳动力的支配权归掌握生产资料的用人单位行使，双方形成管理与被管理者的隶属关系;在劳务合同关系中则由劳务提供方自行组织和指挥劳动过程。

18. 防止核心员工跳槽带走商业秘密的措施有哪些？

答 可以在劳动合同中约定保守用人单位的商业秘密和与知识产权相关的保密事项。

对负有保密义务的劳动者，用人单位还可以在劳动合同或者保密协议中与劳动者约定竞业禁止协议，约定竞业限制的范围、地域、期限等。劳动者违反竞业限制约定的，应当按照约定向用人单位支付违约金。

需要注意的是，签署竞业禁止协议的人员，在解除或者终止劳动合同后，用人单位应在竞业限制期限内按月给予经济补偿。且竞业限制的人员限于用人单位的高级管理人员、高级技术人员和其他负有保密义务的人员。竞业限制期限不得超过两年。

另需提醒一点，竞业禁止协议应在订立劳动合同或续签劳动合同时签署约定，这样才能规范员工离职后的行为，如果用人单位选择在员工离职前与其签署协议，则完全凭员工自愿，选择不与单位签署协议也属于合法行为。

签署竞业禁止协议限制员工到竞争对手公司工作，虽然可以较大限度地限制商业秘密的流失，然而单纯以法律措施进行限制很难有效地保护商业秘密。对于核心员工而言更有效的方法是企业以经济手段保护商业秘密，主要包括以下三点：

（1）对掌握商业秘密的核心员工给予较优厚的工资和奖金待遇；

（2）与员工签署长期劳动合同防止员工跳槽；

（3）允许掌握商业秘密的员工拥有一部分公司股权，并规定这部分股权不得转让，以此将公司利益和员工个人利益绑定。

19. 保密协议和竞业禁止协议有什么不同？

答 保密协议并不禁止保密义务人从事竞争业务，仅明确约定其违反保密义务的违约责任；竞业禁止协议不仅要求离职员工对其所知悉的商业秘密保密，而且在最长不超过两年内禁止从事同类竞争业务，但可以获得公司支付的经济补偿金。

20．如果注册商标"XXX"，是否对域名"XXX.com"等域名拥有所有权？

答 享有"XXX"注册商标专用权，并不意味着拥有相同域名的所有权。如果商标不是驰名商标，则对与商标相同的域名没有所有权，仍需申请注册；如果商标是驰名商标，而域名拥有者属于恶意注册，便可以通过仲裁或诉讼取得该域名。

21．商标被同类经营范围的公司抢注了，应该怎么办？

答 首先要有证据能证明是本企业使用在先，为此投入了大量人力、财力，并且在行业内有一定知名度等，而对方属于恶意抢注行为。如果被抢注的商标处于3个月的公示期内，那么企业应尽快对其提出商标异议，阻止他人取得商标注册证；如果该商标已经取得注册证，企业应在5年内对其提出商标争议。两种程序分别需要企业向国家商标局和商标评审委员会提出。

22．专利对于国内的互联网或者软件创业公司重要吗？

答 短时期内不重要，但未来发展必不可少。

新创的技术型公司最大的问题是生存，从这个角度看，申请专利会增加企业花费，而且专利总的来说不是互联网或软件公司的竞争优势来源，因为这类公司主要依靠的是执行能力、产品推向市场的速度、产品更新速度以及用户体验。但考虑到公司的长远发展，要建立一定的竞争壁垒，那么申请专利则是有必要的。尤其对于大型公司来说，专利既可用来"进攻"，又可用来"防御"，还可以谈判交换授权。对于国内互联网公司来说，即使从防御的角度考虑，申请专利也是比较有必要的。作为软件企业而言，在成为侵权纠纷的被告时专利可以用来反诉，以进行自我保护。

23．互联网产品的哪些技术和设计可以申请专利？

答 专利的申请对技术没有种类限制，在中国可以授予专利权的客体包括发明专利、实用新型专利和外观设计专利。由于互联网产品一般涉及计算机程序，与实体产品无关，所以通常申请发明专利。专利法规定，不授予专利权的客体包括智力活动的规则方法，而在互联网产品中，经常会包含在算法上的改进，如果只是以算法本身去申请专利，往往会因为这一原因而被驳回，需要经过处理之后再递交专利申请。

互联网产品在设计方面也可以申请专利，不过纯粹的交互设计的专利较难申请，如果和一些后台功能结合起来的设计就比较容易申请专利。

24．设计人员的作品属于公司所有还是个人所有？

答 由法人或者其他组织主持，代表法人或者其他组织意志创作，并由法人或者其他组织承担责任的作品，视法人或者其他组织为作者。公民为完成法人或者其他组织工作任务所创作的作品是职务作品，除约定著作权由法人享有的情况外，著作权应由作者享有，但法人或者其他组织有权在其业务范围内优先使用该作品。

25．公司发展到什么阶段需要成立法务部？

答 一般情况下，规模较大的公司才会成立法务部，但是无论公司规模大小都会接触到法律事务，并应该由具备一定专业法律知识的人负责处理相关的事情，比如公司初期的文件合同的起草整理、合同审批、劳动关系的处理等。创业公司在创业初期可以考虑将这部分法务内容外包出去，交给有专业资质的团队去做，这样既能节约运营成本，又能保障日常法律问题得到及时解决。

附录C 大学生自主创业的优惠政策

本附录主要对企业注册登记方面、金融贷款方面、税收缴纳方面、企业运营方面的优惠和政策方面进行简要介绍。

近年来为支持大学生创业，国家各级政府出台了许多优惠政策，涉及融资、开业、税收、创业培训、创业指导等许多方面。对于打算创业的大学生来说，了解这些政策，才能走好创业的第一步。

C.1 企业注册登记方面

我国大学生自主创业在企业注册登记方面有以下优惠政策。

1. 程序更简化

凡高校应届生和毕业后两年内的毕业生，申请从事个体经营或申办私营企业的，可通过各级工商部门注册大厅的"绿色通道"优先登记注册。其经营范围除国家明令禁止的行业和商品外，一律放开核准经营。对限制性、专项性经营项目，允许申请人申请专项审批。对于在科技园区、高新技术园区、经济技术开发区等经济特区申请设立个私企业的，特事特办，除了涉及必须前置审批的项目外，试行"承诺登记制"。申请人提交登记申请书、验资报告等主要登记材料，可先予颁发营业执照，让其在 3 个月内按规定补齐相关材料。凡申请设立有限责任公司，以高校毕业生的人力资本、智力成果、工业产权、非专利技术等无形资产作为投资的，允许抵充 40%的注册资本。

2. 减免各类费用

除国家限制的行业外，工商部门自批准其经营之日起 1 年内免收其个体工商户登记费（注册登记、变更登记、补照费）、个体工商户管理费和各种证书费。对参加个体劳动者协会、私营企业协会的，免收其 1 年会员费。对高校毕业生申办高新技术企业（含有限责任公司）的，其注册资本最低限额为 10 万元，如资金确有困难，允许资金分期到位。高校毕业生从事社区服务等活动的，经居委会报所在地工商行政管理机关备案后，1 年内免予办理工商注册登记，免收各项工商管理费用。

目前相关政策已经开始执行，大学毕业生在办理自主创业的有关手续时，除带齐规定的材料，提出有关申请外，还要带上大学毕业生就业推荐表、毕业证书等有关资料。

C.2 金融贷款方面

我国大学生自主创业在金融贷款方面有以下优惠政策。

1. 优先贷款支持、适当发放信用贷款

国家加大高校毕业生自主创业贷款支持力度，对于能提供有效资产抵（质）押或优质客户担保的，金融机构将优先给予信贷支持。对于高校毕业生创业贷款，可以高校毕业生

作为借款主体，担保方可由其家庭或直系亲属家庭成员的稳定收入或有效资产进行相应的联合担保。对于资信良好、还款有保障的，在风险可控的基础上金融机构可适当发放信用贷款。

2. 简化贷款手续

通过简化贷款手续，合理确定授信贷款额度，可使创业者更快地得到贷款资金。

3. 利率优惠

国家对创业贷款给予一定的优惠利率扶持，视贷款的风险度不同，在法定贷款利率基础上可适当上下浮动。

事实上，大学生创业贷款的难处在于无法提供有效资产作为抵押或质押。现已有多家银行开办了针对具有城镇常住户口或有效居留身份，年满 18 周岁自然人的个人创业贷款。此类创业贷款要求个人采用存单质押贷款、房产抵押贷款或担保贷款。

C.3 税收缴纳方面

我国大学生自主创业在税收缴纳方面有以下优惠政策：

凡高校毕业生从事个体经营，自工商部门批准其经营之日起 1 年内免交税务登记证工本费。新办的城镇劳动就业服务企业（国家限制的行业除外）当年安置待业人员（含已办理失业登记的高校毕业生）超过企业从业人员总数 60%的，经主管税务机关批准，可免纳所得税 3 年。劳动就业服务企业免税期满后，当年新安置待业人员占企业原从业人员总数 30%以上的，经主管税务机关批准，可减半缴纳所得税 2 年。

C.4 企业运营方面

我国大学生自主创业在税收缴纳方面有以下优惠政策。

1. 员工聘请和培训费用减免

对高校毕业生自主创办的企业，自工商部门批准其经营之日起 1 年内，可在政府人事行政部门、劳动保障行政部门所属的人才中介服务机构和公共职业介绍机构的网站免费查询人才、劳动力供求信息，免费发布招聘广告等；参加政府人事行政部门、劳动保障行政部门所属的人才中介服务机构和公共职业介绍机构举办的人才集市或人才、劳务交流活动给予适当减免交费的优惠；政府人事部门所属的人才中介服务机构免费为高校毕业生创办企业的员工提供一次培训、测评服务。

2. 人事档案管理费用减免

对自主创业的高校毕业生，政府人事行政部门所属的人才中介服务机构免费为其保管人事档案（包括代办社保、职称、档案工资等有关手续）两年。

3. 社会保险有单独参保渠道

高校毕业生从事自主创业的，可在各级社会保险经办机构设立的个人缴费窗口办理社会保险参保手续。

附录 D　创业过程中常用的文书样本

本附录提供常用的加盟合同样本、特许经营加盟合作意向书样本、合伙协议样本以及退伙协议样本。

D.1　加盟合同样本

加盟合同书

电话：_____　　邮编：_____
邮箱：_____

一、合同各方

授权方：******科技发展有限公司（以下简称"甲方"）
法定授权人：_____
法定地址：****省****市****路****大厦*座***　邮编：******

被授权方：_____（以下简称"乙方"）
法定代表人：_____
法定地址：_____

甲乙双方经协商，就乙方为其在特定区域内独家经营甲方的"******"专卖店一事，达成本协议。

二、合同期限

本合同加盟期限为_____年___月___日至_____年___月___日止。

三、加盟经营

1．甲方特此授权乙方在_____区域内成为"******"的特许经销商。经此授权后，甲方在该区域内将不再授予任何其他企业、个人以同类经销权。

2．在授权期内，甲方在向乙方提供"******"品牌产品时，甲方应保证所提供的产品质量符合国家有关标准、品级与实物相符，并保证货源供应。

3．乙方保证在签订本合同起 7 日内需向甲方支付加盟费人民币贰万元/店。每个加盟店首次从甲方购进"******"品牌的产品，按供货价不少于_____万元。

4．甲方保证向中国大陆内各加盟方交付的产品保持统一的零售标价。

5．甲方将"******"品牌产品按零售标价的 4 折～4.5 折售予乙方，不论首次购货还是后续购货乙方应在提货时一次性支付货款。

6．如果出现乙方采用以假汇票、假支票的方式骗取货物的情况，甲方除追究乙方的违约责任外，将依法请求司法机关追究相关人员、单位的刑事责任。

7．乙方从甲方购进产品后，如因质量问题或货物品种组合问题，可在自进货之日起 5 日内，向甲方调换产品，但不得退货。调换时乙方须保持原产品完好、包装齐备、标签没有损坏。

8. 合同到期后，若乙方决定不再销售"******"品牌产品，在乙方保证产品完好、包装齐备、标签无损坏、未超过保质期的前提下，可将现存的"******"产品退还给甲方。甲方按供货价的 6 折回收退还的产品。

三、营业场地、店面装饰与配置

1. 乙方应在双方共同商定的区域内开展经营和促销活动。乙方不得在未经甲方许可的情况下擅自将自己的经营活动和促销活动扩大到区域之外。

2. 加盟店店铺应设在乙方处，或由乙方自行选定其他场所并报甲方批准。

3. 为维护公司品牌形象的统一性，加盟店由甲方免费进行装饰设计，装修工程由甲方工程部报价并施工，乙方应按工程预算支付装修工程款并协助办理在当地施工的相关手续。甲方收到工程款项后应在_____日内将店铺交付乙方使用。

4. 加盟店内的营业所需（包括：设备、装置、用具、招牌等）由总部统一进行设计制作。对于营运必需的包装材料、促销礼品、提货袋及其他附属材料、消耗品，加盟店需使用总部配备的产品等所涉及的费用由加盟商承当。

四、促销与广告

1. 甲方在授权期内，将协助乙方进行"******"品牌的形象设计，并向乙方适时提供相应的产品宣传资料、标志、招贴物品等。甲方可根据乙方的经营状况和要求，帮助乙方进行特定时间和区域的产品促销和推广活动。

2. 甲方进行"******"品牌的整体宣传活动时乙方必须配合，相关的"******"品牌的产品进行促销、推广计划和广告设计由甲方提供，乙方遵照执行。甲方对于促销活动所涉产品在供货价的基础上按照促销折让的比例给予优惠。

3. 乙方单独进行"******"品牌有关的宣传、广告活动时，应事先告知甲方，取得甲方同意后方可进行。相关广告形象设计须经过甲方审核或由甲方提供。

4. 乙方须承担自行组织促销活动产生的促销让利和费用。

五、培训与指导

1. 为使加盟店能良好经营，在开业前及本合同执行期间，甲方应向加盟店传授必要的知识和经营技术。

2. 加盟店在开业前应派遣店主或两名可以代行承担的职工，参加甲方规定的教育研修，获得经营公司店铺必要的知识和技术。

3. 开业后，如甲方有研修指示，乙方也必须按指示要求派员再次参加前项规定的进修教育，获得必需的知识和技术。

4. 加盟店需承担前来培训的差旅费用。

5. 加盟店开业前后 3 日，作为店铺营运的入轨期，甲方应向加盟店派遣人员进行开业和经营指导。

6. 乙方必须参加甲方组织的年度销售会议及临时经营者会议。甲方应提前 4 周通知乙方开会日期。

7. 除经营者会议外，甲方将不定期向乙方派遣市场负责人进行指导和培训。

六、商标、服务标志及相关权利

1. 本合同所涉及的所有商标、服务标志及其相关权利的所有权均归属于甲方。

2. 甲方承诺在本合同执行期间，乙方加盟店可以使用甲方商标、服务标志、记号、样式、标签和招牌。

3. 乙方不得在加盟店以外的业务中使用甲方的所有商标和服务标志。

4. 乙方应在经营中向顾客提供良好的服务，维护甲方品牌的声誉、信誉和良好形象。

5. 双方在此明确，乙方取得的是在授权期内、在指定区域内甲方商标、服务标志的使用权和产品的经销权，并不意味着甲方商标、品牌及商誉等相关知识产权的任何转让、许可。合同到期或提前终止后，乙方不得以任何借口继续使用"******"品牌，或以"******"品牌经销商的名义从事任何商业活动。

七、竞争限制

1. 在合同期内，乙方如有意获得其所在省市区域的"******"特许经营代理权，可在同等条件下优先取得甲方的特许代理权。

2. 为表示对乙方合作的诚意，在合同期内，如甲方推出"******"之外的其他新系列商品和服务，乙方有优先代理权。

3. 乙方在授权期内，不得再接受任何其他企业、个人的授权或委托，在加盟店内代理、经销其他品牌的产品。

4. 乙方未经甲方许可，不得将甲方授予的经销权以各种形式转让给任何第三方。

八、服务质量控制

1. 为维护加盟店售出商品品种和服务的一致性，提高公司形象，乙方加盟店的运营方法必须遵守总部提供的经营手册规定的要求和标准。

2. 凡甲方有新产品推出，乙方必须按照最低配货量或以上的数量购入，并将新产品及时上架销售。

3. 乙方须按照甲方要求，对顾客购买金额达到规定标准时，给予相应等级的会员资格和相应的折扣优惠。乙方应做好会员资料信息的登记汇总工作并半年一次定期向甲方提供会员资料信息。凡有新产品上市或产品促销活动乙方应通知所有会员，让会员享受到来自"******"持续不断的优质服务。甲方将不定期回访会员客户以检查乙方的服务质量。

4. 甲方将定期和不定期的以书面或其他方式对加盟店进行进货管理、销售管理、商品管理、商品知识、卫生管理、职工管理、会计处理、店铺经营管理、店铺陈设等各方面的指导，提供有关信息，帮助加盟店实施标准化管理。

5. 随着甲方加盟店数量在全国范围内的不断增加，甲方将对全体加盟店进行信息化管理。如该项管理实施时本合同仍在有效期内，乙方须遵照甲方的管理规定执行，不得以任何理由拒绝执行。

九、保密

1. 除法律规定必须公开的以外，甲方不得向第三者展示乙方递交的营业报告书及其他有关资料和有损于乙方利益的情报。乙方不得向第三者泄漏甲方按本合同规定提供给乙方的经营技术秘密及有损甲方利益的情报。乙方有责任保证其职工不向第三者泄漏前项秘密。

2. 以上规定双方的保密义务在本合同期满后仍然有效。

3. 甲方按本合同规定提供给乙方的加盟店经营手册以及其他文件归甲方所有，乙方应

妥善保管，合同终止时应即刻归还甲方。

十、加盟店的让渡与承继

1. 乙方未事先征得甲方同意，不得将本合同规定的任何权利、加盟店营业的全部或一部分转让给第三者，不得将此用作担保和其他处置。

2. 如乙方加盟店因明显的困难而有可能发生营业中断时，为保持加盟连锁店的运营，乙方可以请求总部临时接替营业。待总部确认加盟店可以重新经营后，应及时把营业权归还加盟店。

3. 上述总部接替经营期间发生的收益和损失均属加盟店，总部代行经营所产生的费用由加盟店负担。

4. 如乙方希望出让加盟店或出租店铺时，应首先通知甲方，甲方有优先承让和承租的权利。

5. 遇上述情况，双方可以通过协商，确定加盟店的让渡价格和租赁金。协商意向不能成立时，双方均可申请具有法律效力的认证或评估，所需费用由乙方承担。

十一、合同的终止

1. 合同期满前 3 个月时经双方协商可以更新合同。

2. 前款的合同更新，应在本合同期满的一个月前完成，以双方签订新的特许连锁合同书为合作文本。

3. 如本合同期满后双方无意继续合作，乙方应在本合同终止时承担下列义务：

（1）支付所有应付给总部的费用；

（2）归还所有操作手册、机密文件和专利资料；

（3）向甲方移交会员登记名册；

（4）归还、转卖或销毁所有带有"＊＊＊＊＊＊"商业标志的招牌和材料；

（5）取消以"＊＊＊＊＊＊"名义登记的商业注册和名称登记；

（6）在原加盟店经营场所内外的房屋、设备、陈设等处，消除任何与"＊＊＊＊＊＊"有关系的迹象；

（7）因加盟店的经营而损害了第三者利益时，由乙方承担赔偿损失的责任。

4. 甲方因加盟店的行为而被索赔责任时，可要求乙方负担被追索的赔偿金。

十二、违约责任

1. 任何一方不履行或不完全履行本合同条款中规定的义务，即构成违约，违约的一方应承担违约责任。

2. 双方约定，违约的金额为在此前乙方经销甲方提供的产品零售价总额的 10%。如违约给对方造成损失，且造成的损失超过违约金总额，违约方还应负责对超额部分进行赔偿。若违约的一方经对方书面提出改正意见后的 30 天内仍未改正，另一方有权终止合同，并有权要求对方赔偿损失。

十三、合同纠纷的解决

1. 本合同在执行过程中产生的任何争议，双方首先应友好协商，协商不成的，双方均有权向＊＊＊＊市仲裁委员会提起仲裁。

十四、其他

1. 本合同自双方签字盖章之日起生效。

2. 本合同正本一式两份，双方各持一份，每份具有同等法律效力。

甲方：	乙方：
地址：	地址：
电话及传真：	电话及传真：
委托代表：	委托代表：
_____年___月___日	_____年___月___日

D.2 特许经营加盟合作意向书样本

特许经营加盟合作意向书

****有限公司（以下简称"甲方"）与_____（以下简称"乙方"）经过友好协商，就甲方特许乙方加盟经营"******"品牌事宜签订如下合作意向书，以资共同遵守。

一、加盟区域

乙方拟加盟经营"******"品牌的区域为：_____；_____。

二、诚意金

1. 在签订本意向书的同时，乙方应向甲方交纳诚意金人民币****元整。否则，本意向书无效。

2. 双方经过进一步相互考察，若乙方符合甲方加盟商条件，甲方将与乙方签署正式的"特许经营加盟合同书"，本诚意金自动转为授权保证金。

3. 若经过甲方考察，认为乙方暂不符合甲方加盟商条件，甲方将在 30 日内如数无息退还乙方交纳的诚意金。

三、有效期限

本合作意向书有效期限自乙方交纳诚意金之日起，至双方签署正式"特许经营加盟合同书"或取消合作之日止。

四、双方的权利及义务

1. 甲方有权对乙方的资信情况、拟开设店铺位置等情况进行进一步的考察，并有权挑选确定合适的加盟商。

2. 甲方有义务协助乙方进行店铺选址和分析前期投资预算等工作。

3. 乙方在交纳诚意金后，享有甲方在该地区的优先加盟权；若同一区域出现多名加盟商签署合作意向书，在同等条件下，甲方将按交纳诚意金的先后顺序挑选加盟商。

五、其他

本合作意向书一式两份，经双方签字盖章并且乙方交纳诚意金后有效，双方各执一份。

甲方代表人：   乙方代表人：

_____年___月___日   _____年___月___日

D.3 合伙协议样本

合伙协议

合伙人_____，性别_____，年龄_____，住址_____。
（其他合伙人按以上格式顺序填写）

一、合伙宗旨

_____

二、合伙经营项目和范围

_____

三、合伙期限

合伙期限为_____年，自_____年___月___日起，至_____年___月___日止。

四、出资额、方式、期限

1. 合伙人_____以_____方式出资，计人民币_____元。（其他合伙人按以上格式顺序填写）

2. 各合伙人的出资，应于_____年___月___日前交齐，逾期不交或未交齐的，应对应交未交金额数计付银行利息并赔偿由此造成的损失。

3. 本合伙出资共计人民币_____元。合伙期间各合伙人的出资为共有财产，不得随意请求分割，合伙终止后，各合伙人的出资仍为个人所有，到时予以返还。

五、盈余分配与债务承担

1. 盈余分配应以_____为依据，按比例进行分配。

2. 合伙债务先由合伙财产偿还，合伙财产不足清偿时，以各合伙人的_____作为依据，由各合伙人按比例承担。

六、入伙、退伙，出资的转让

1. 入伙条件：（1）需承认本合同；（2）需经全体合伙人同意；（3）执行合同规定的权利义务。

2. 退伙条件：（1）需有正当理由方可退伙；（2）不得在合伙不利时退伙；（3）退伙需提前____月告知其他合伙人并经全体合伙人同意；（4）退伙后以退伙时的财产状况进行结

算，不论以何种方式出资，均以金钱进行结算；（5）未经合同人同意而自行退伙给合伙造成损失的，应进行赔偿。

3. 出资的转让条件：允许合伙人转让自己的出资，转让时其他合伙人有优先受让权。如果合伙人转让自己的出资给合伙人之外的第三人时，第三人应接受入伙条件、接受的出资按入伙对待，否则此转让过程按退伙办理。

七、合伙负责人及其他合伙人的权利

1. _____为合伙负责人。其权限是：（1）对外开展业务，订立合同；（2）对合伙事业进行日常管理；（3）出售合伙的产品（货物），购进常用货物；（4）支付合伙债务；（5）_____。

2. 其他合伙人的权利：（1）参与合伙事业的管理；（2）听取合伙负责人开展业务情况的报告；（3）检查合伙账本及经营情况；（4）共同决定合伙的重大事项。

八、禁止行为

1. 未经全体合伙人同意，禁止任何合伙人私自以合伙名义进行业务活动；如其业务获得利益需归合伙，造成损失应由该合伙人按实际损失赔偿。

2. 禁止合伙人经营与合伙存在竞争的业务。

3. 禁止合伙人再加入其他合伙。

4. 禁止合伙人与本合伙签订合同。

5. 如合伙人违反上述各条，应按合伙实际损失进行赔偿，劝阻不听者可由全体合伙人决定除名。

九、合伙的终止及终止后的事项

1. 合伙因以下事由之一可以终止：（1）合伙期届满；（2）全体合伙人同意终止合伙关系；（3）合伙事业完成或不能完成；（4）合伙事业违反法律被撤销；（5）法院根据有关当事人请求判决解散。

2. 合伙终止后的事项：（1）即行推举清算人，并邀请中间人（或公证员）_____参与清算；（2）清算后如有盈余，则按收取债权、清偿债务、返还出资、按比例分配剩余财产的顺序进行，固定资产和不可分配物品，可作价卖给合伙人或第三人，其价款参与分配；（3）清算后如有亏损，不论合伙人出资多少，先以合伙共同财产偿还，合伙财产不足清偿的部分，由各合伙人按出资比例承担。

十、纠纷的解决

合伙人之间如发生纠纷，应共同协商，本着有利于合伙事业发展的原则进行解决。如协商不成，可以向法院起诉。

十一、本合同自订立并报经工商行政管理机关批准之日起生效开始合伙。

十二、本合同如有其他事宜，应由合伙人集体讨论补充或修改。补充和修改的内容与本合同具有同等效力。

十三、其他

十四、本合同正本一式_____份，合伙人各执一份，送_____各存一份。

合伙人：_____

合伙人：_____

_____年___月___日

D.4 退伙协议样本

退伙协议

甲方： 性别： 年龄：
　　　 身份证号码： 住址：
乙方： 性别： 年龄：
　　　 身份证号码： 住址：

_____（以下简称甲方）、_____（以下简称乙方），于_____年___月___日订立合伙契约，共同合伙经营_____；因甲方现在提出想从事其他事业，已提出退伙并经全体合伙人同意，商定退伙协议如下：

一、甲乙双方合伙经营的企业名称_____；企业地址_____；

二、经甲乙双方商议同意以_____年___月___日为甲方退伙之日。自_____年___月___日起，甲方关于_____应归乙方所有，由乙方继续经营。甲方退伙之日后_____的债权、债务及应缴税款，以及与经营有关的一切事项均归乙方负责，与甲方无关。

三、截止____年___月___日（甲方退伙之日），甲方_____所产生的利润、债权、债务及应缴税款，以及与经营有关的一切事项，均归乙方负责，与甲方无关。在退伙之日前对企业账目进行结算，办理完毕后应经甲乙双方签字认可，双方承诺互无隐瞒并以此作为甲乙双方之间权利义务发生的依据。

四、甲方退伙后，合伙事业某些事项需要甲方予以协助完成的，甲方有义务予以配合。

五、退伙之日甲方实际应得_____万元人民币，按甲乙双方商议分两次交付，乙方首付甲方_____万元人民币，并由乙方出具后期_____万元人民币的欠条，乙方到_____年___月底前凭甲方出具并交还的乙方欠条支付剩余欠款_____万元人民币。

六、本协议自甲乙双方共同签字后成立，一式二份，甲乙双方各执一份为凭。

甲方： 乙方：

_____年___月___日 _____年___月___日

参 考 文 献

[1] 张天桥，侯全生，李朝晖. 大学生创业第一步. 北京：清华大学出版社，2008.

[2] 张晓堂. 市场营销学. 北京：中国人民大学出版社，2003.

[3] 安维，孙健升. 现代企业管理. 北京：中国金融出版社，2005.

[4] 阎剑平. 团队管理. 北京：中国纺织出版社，2005.

[5] 刘政. 大学生创业实务. 广州：华南理工大学出版社，2005.

[6] 天文. 个人如何开办企业. 北京：法律出版社，2006.

[7] 李彬. 自主创业速查手册. 北京：法律出版社，2007.

[8] 千智莲. 小故事大道理. 北京：西苑出版社，2007.

[9] 杜林致，张旭翔. 大学生职业规划与拓展. 南京：河海大学出版社，2006.

[10] 郑永廷，高国希. 大学生自主创新理论与方法. 北京：人民出版社，2010.

[11] 钟晓红. 大学生创业教育. 北京：北京理工大学出版社，2010.

[12] 李芏巍. 大学生创业宝典. 北京：中国商业出版社，2014.

[13] 郝登峰. 大学生就业创业理论与方法. 北京：人民出版社，2010.

[14] 杨焱林. 做创客你能行——大学生创业故事汇. 北京：人民出版社，2015.

[15] 张利. 第一桶金——大学生创业篇. 北京：中国纺织出版社，2015.

[16] 郭必裕. 大学生机会型创业研究. 南京：东南大学出版社，2015.